CE LIVRE
APPARTIENT A :

Aigle

TRACE LA LETTRE - B

Baleine

Cheval

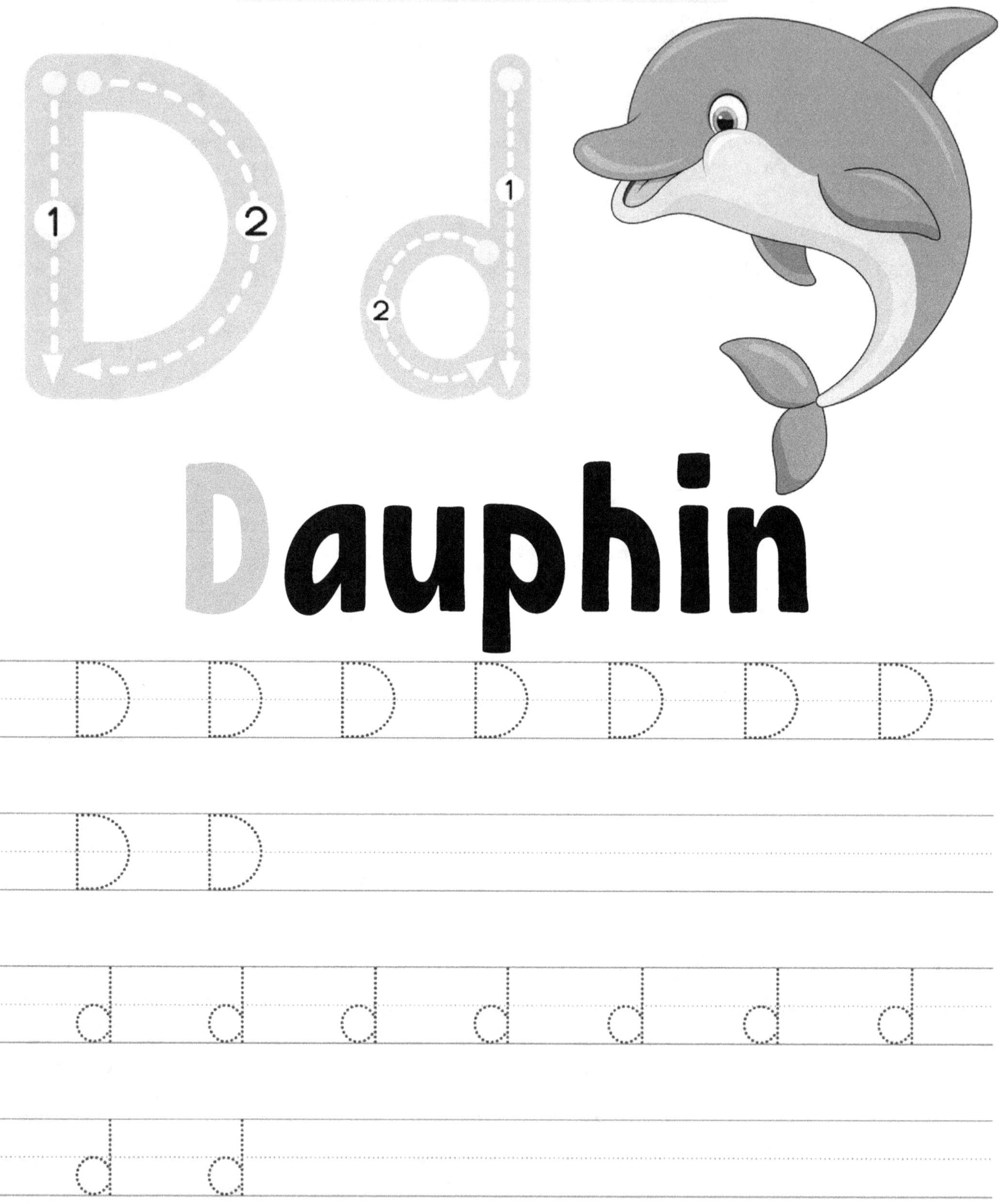

Dauphin

TRACE LA LETTRE - E

Eléphant

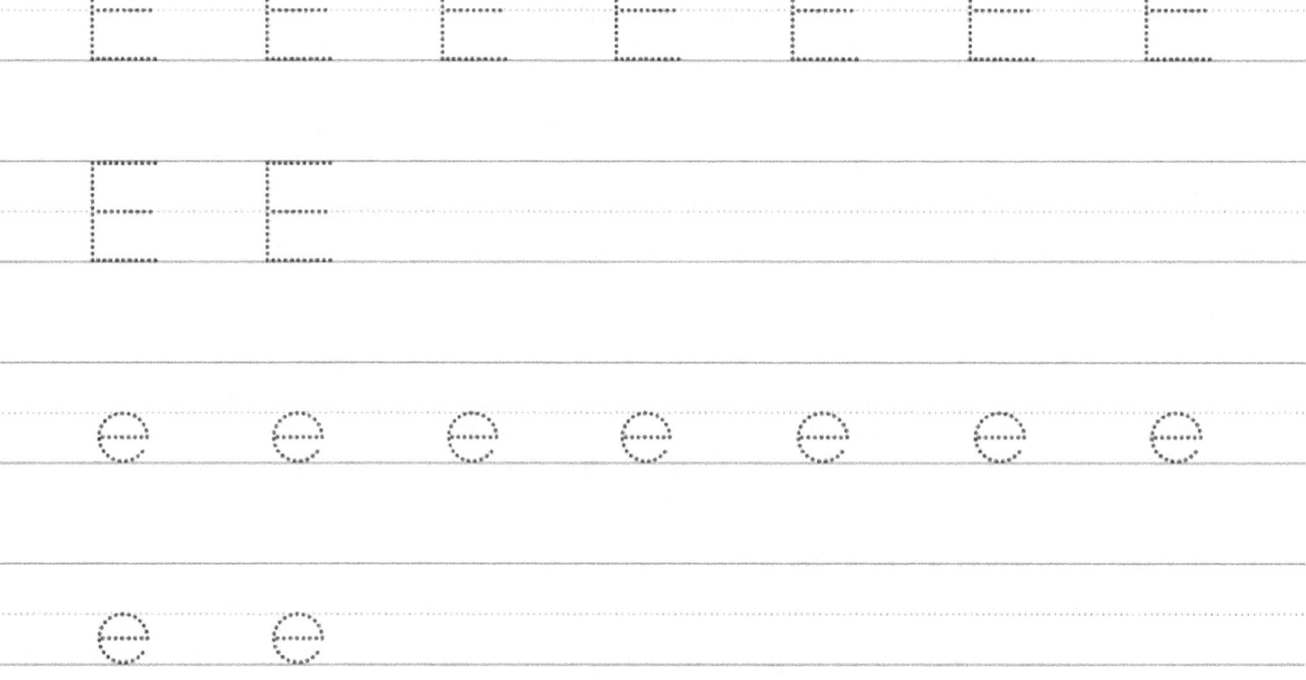

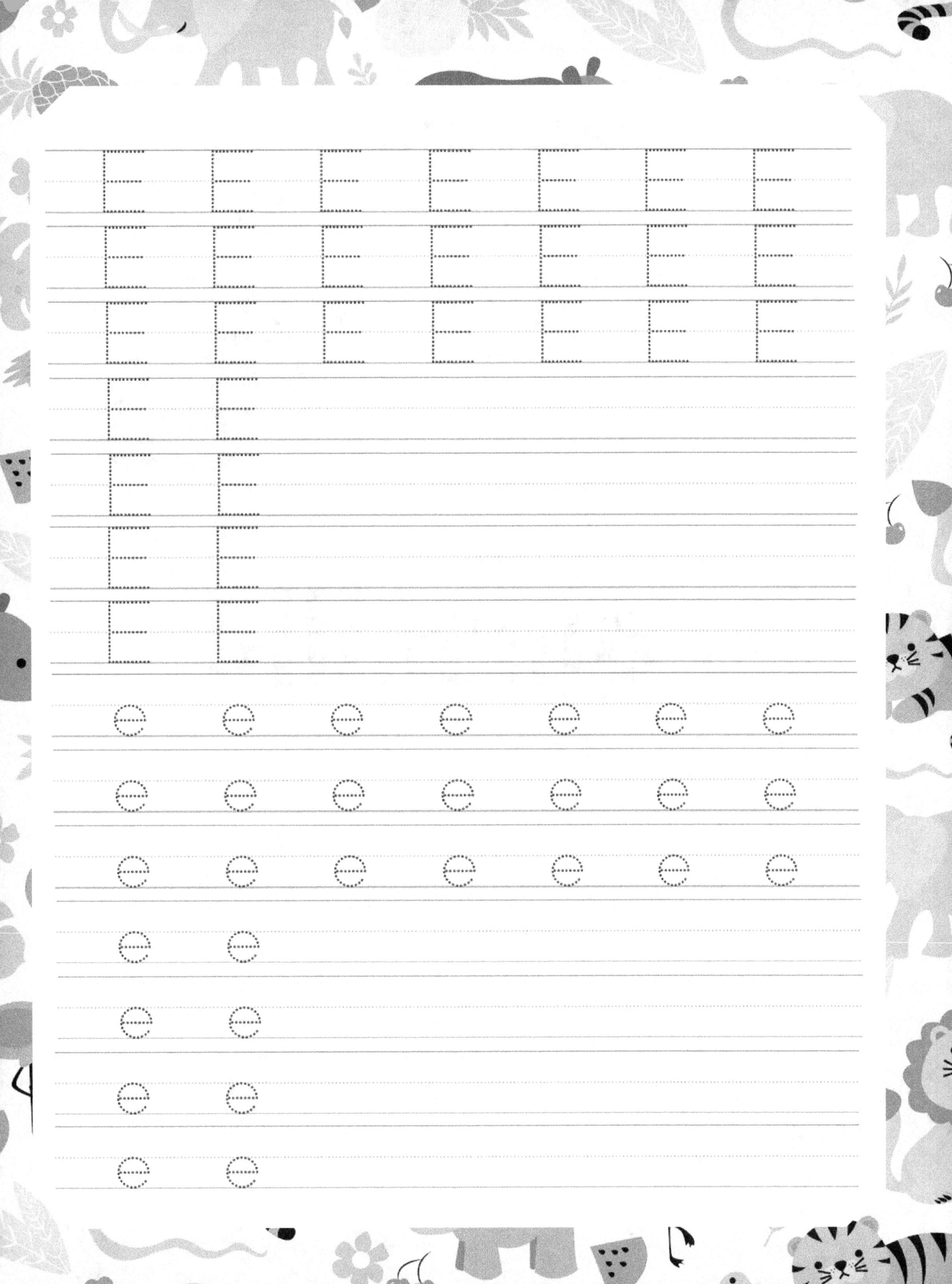

TRACE LA LETTRE - F

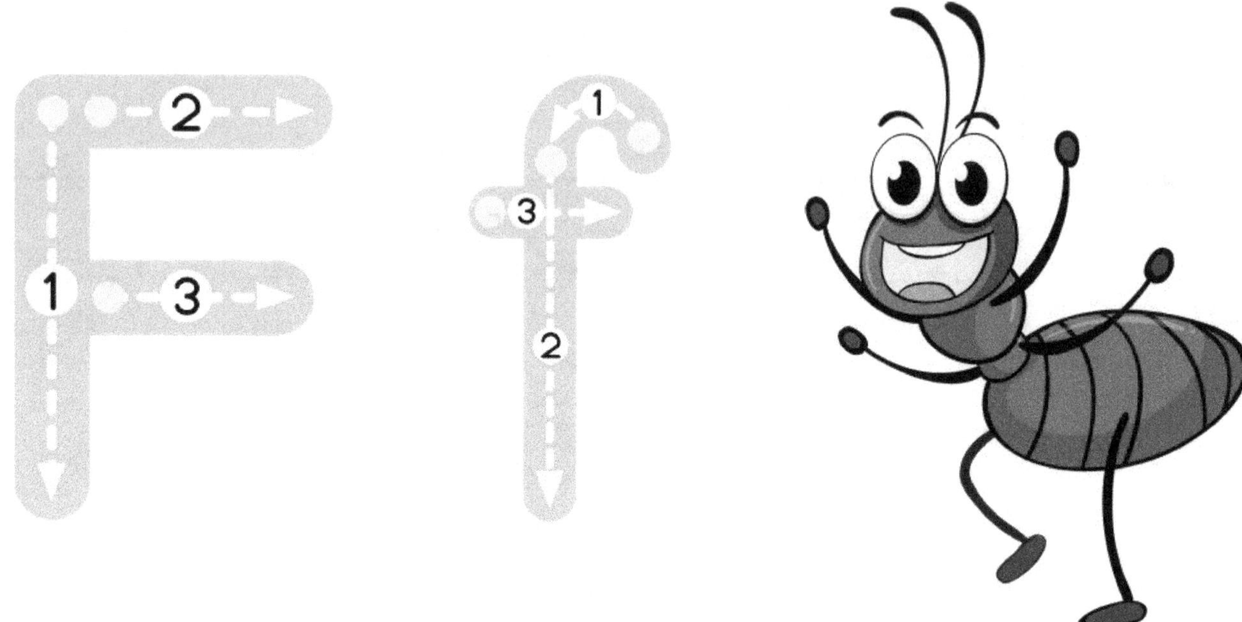

Fourmille

TRACE LA LETTRE - G
G g
1 2
1 2
3
Girafe

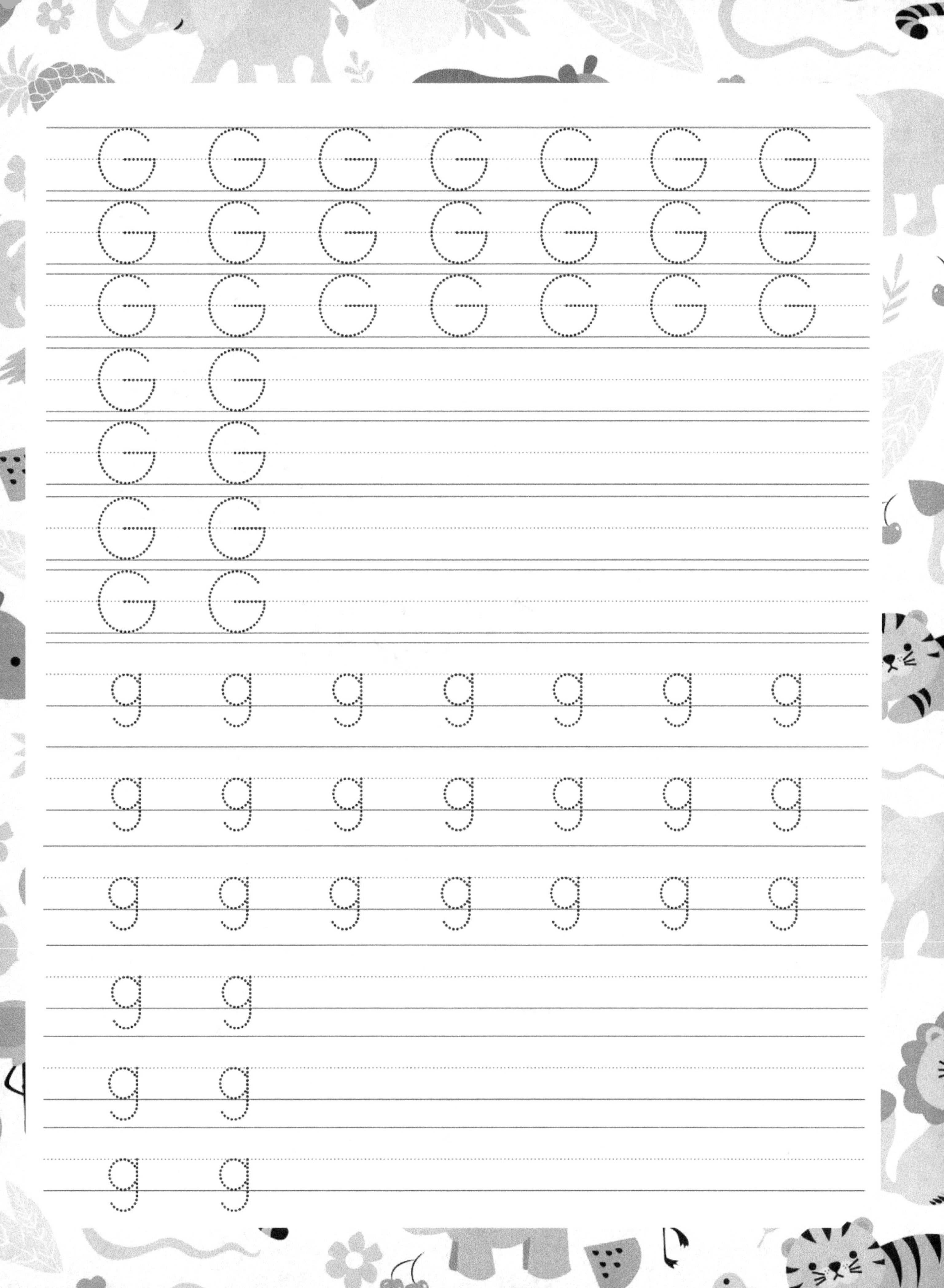

TRACE LA LETTRE - H

Hibou

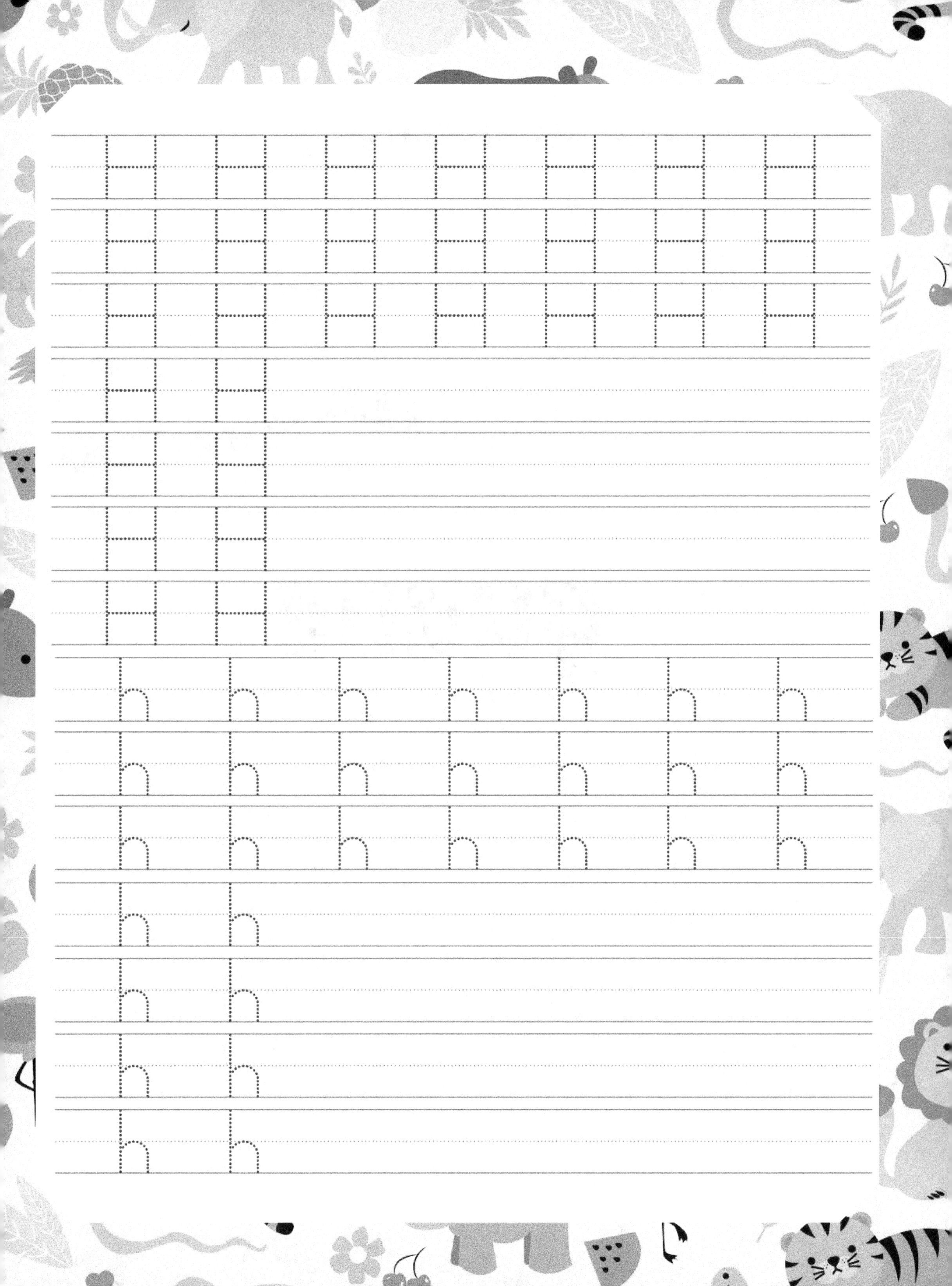

TRACE LA LETTRE - I

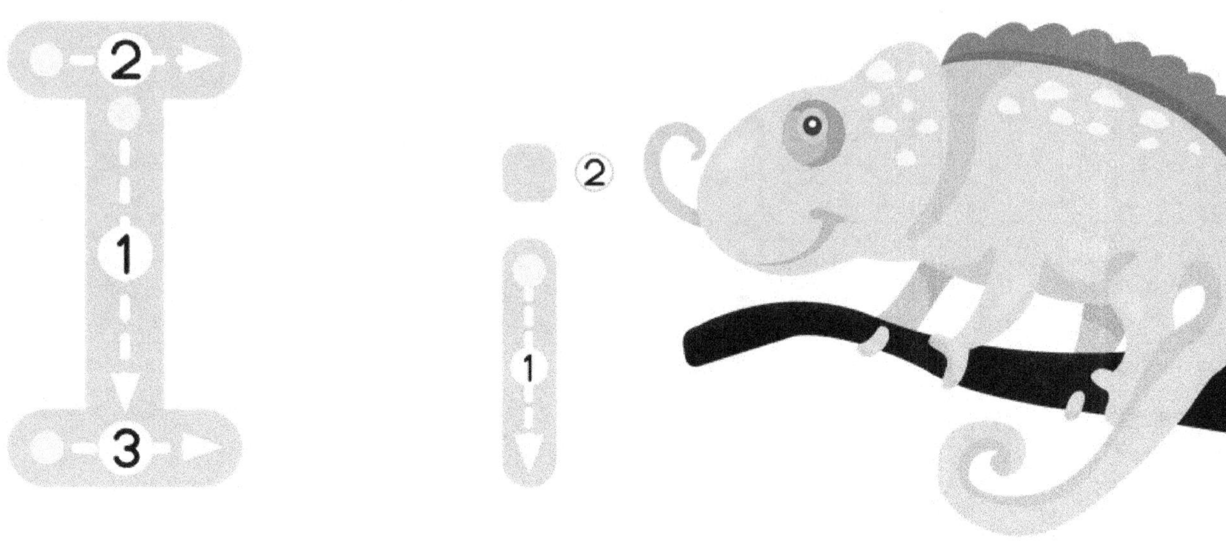

Iguane

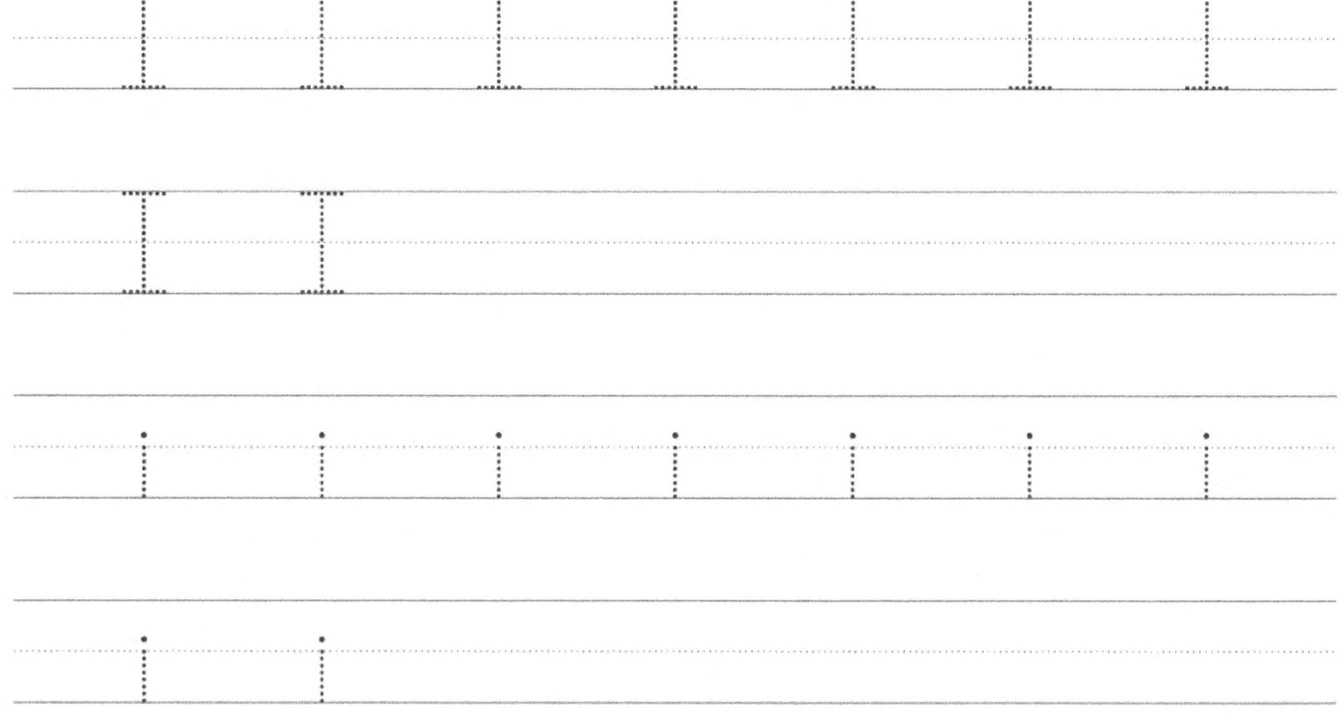

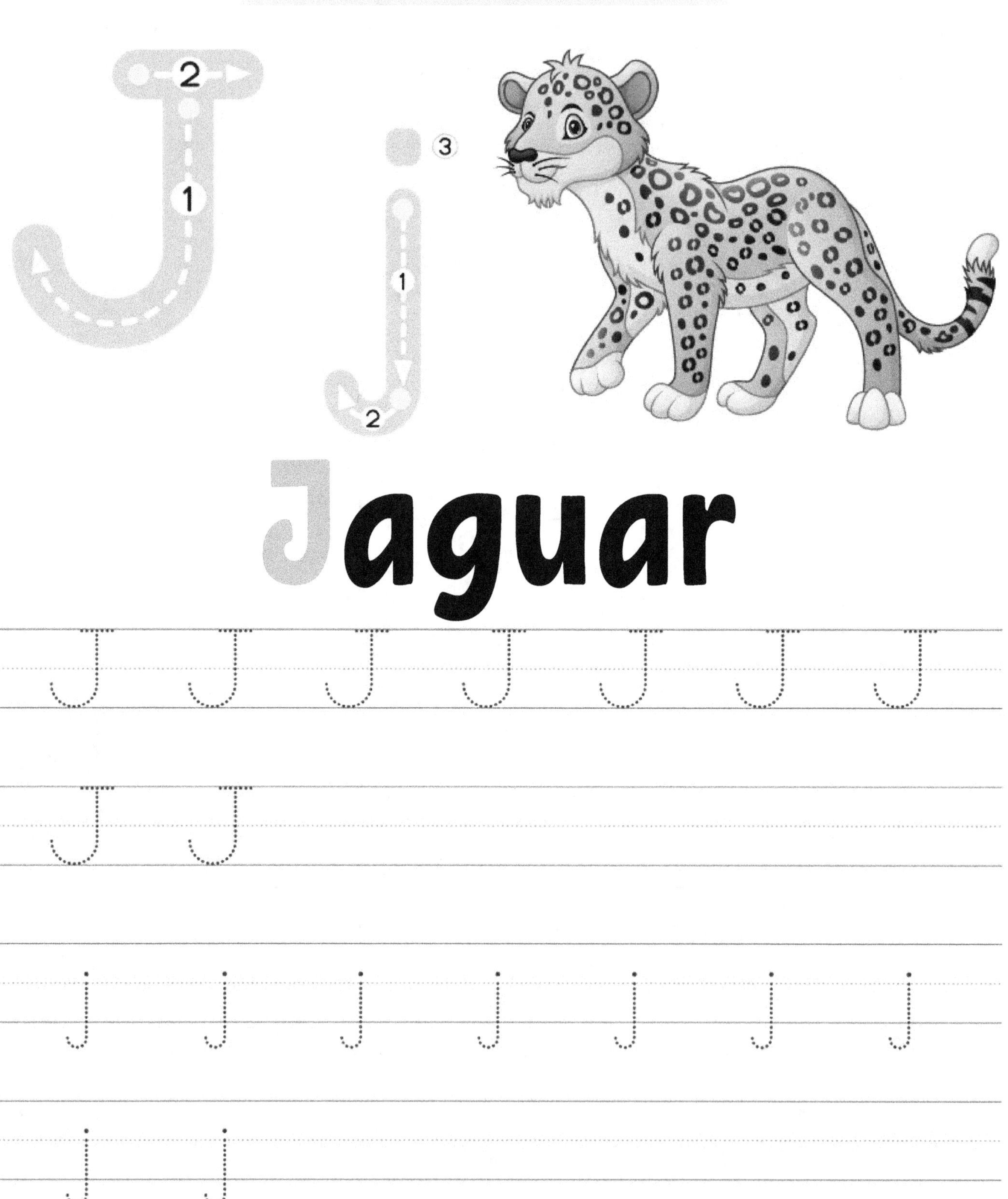

Jaguar

Kangourou

Lion

Mouton

TRACE LA LETTRE - N

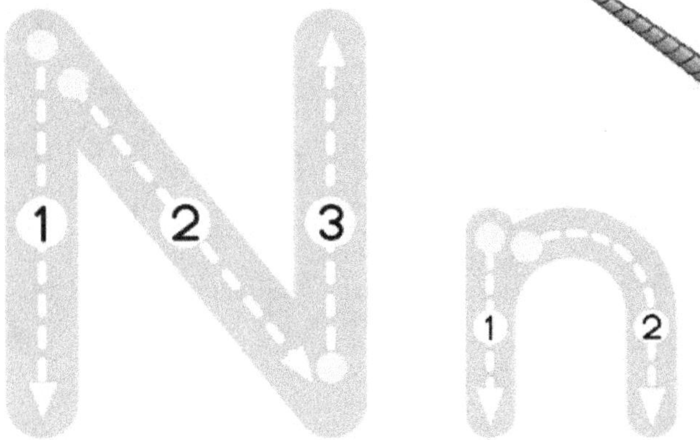

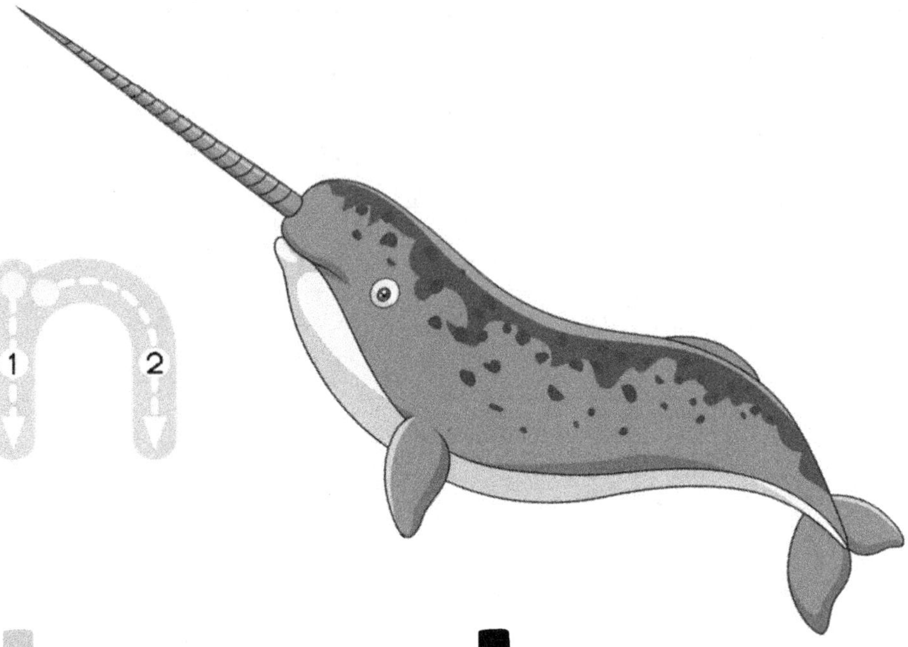

Narval

N N N N N N N

N N

n n n n n n n

n n

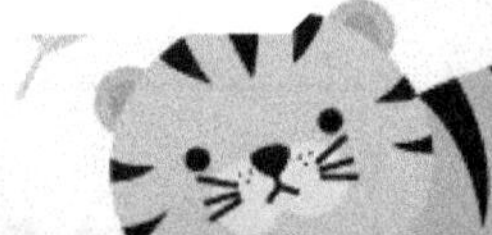

TRACE LA LETTRE - O

Ours

TRACE LA LETTRE - P

P p

Panda

TRACE LA LETTRE - Q

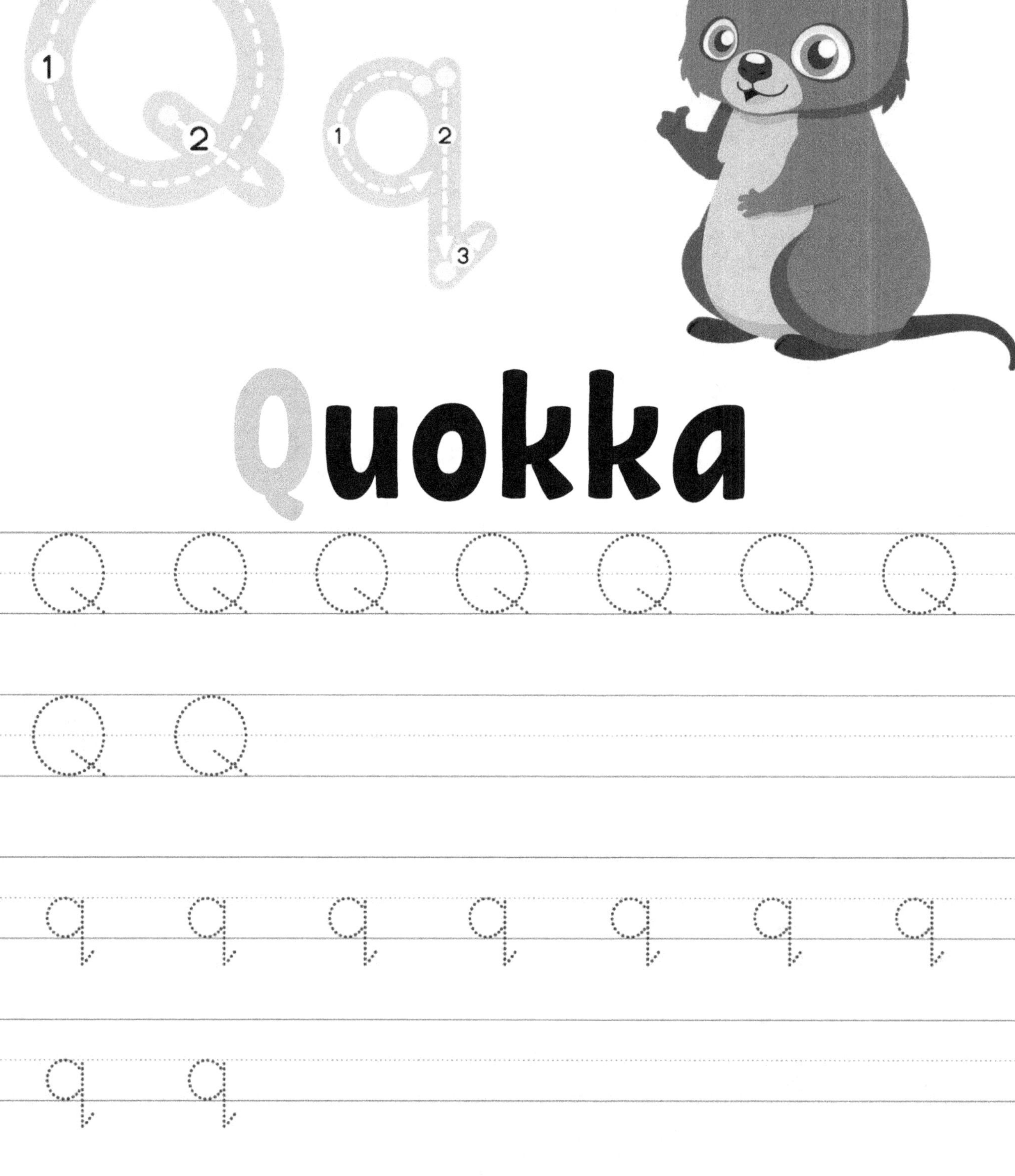

Quokka

TRACE LA LETTRE - R

R r

Renard

TRACE LA LETTRE - S

singe

S S S S S S S

S S

S S S S S S

S S

Tortue

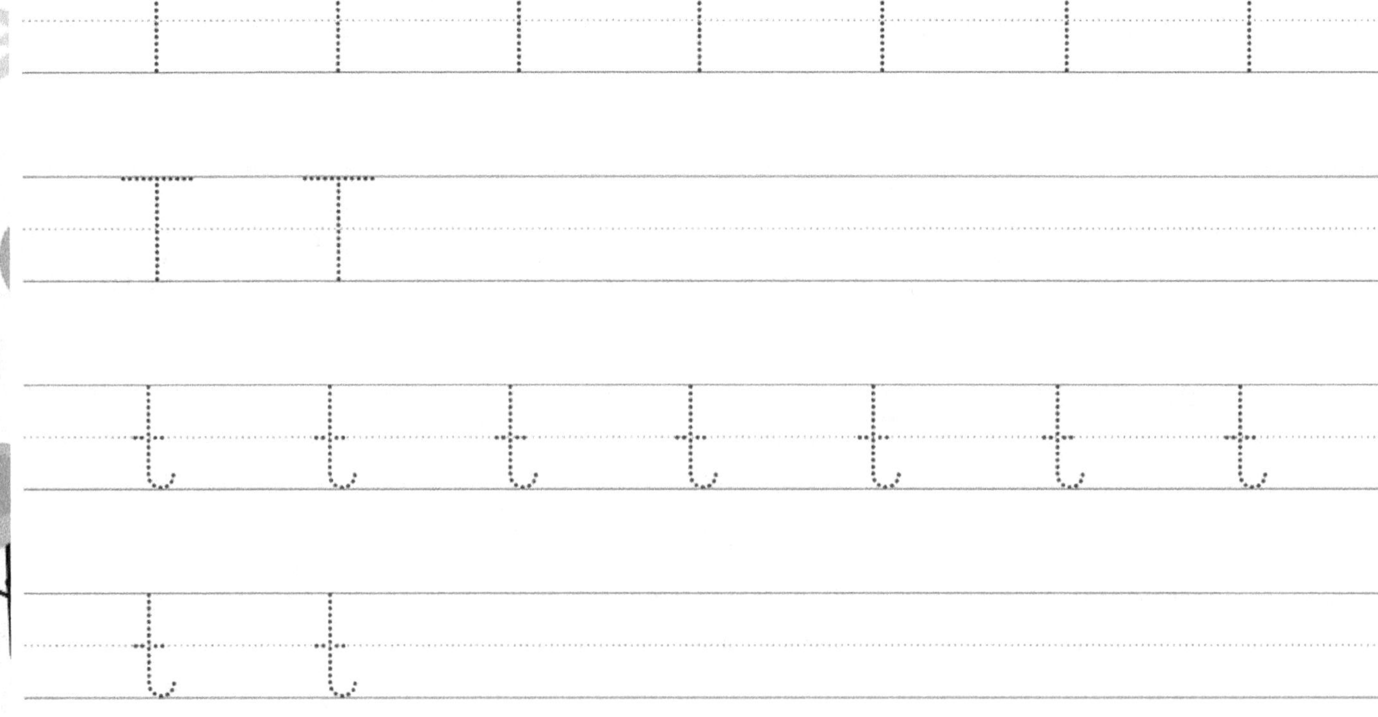

TRACE LA LETTRE - U

Unau

TRACE LA LETTRE - V

Vache

Wapiti

TRACE LA LETTRE - X

Xérus

TRACE LA LETTRE - Y

Yak

TRACE LA LETTRE - Z

zèbre

1
2
UN

TRACE LE CHIFFRE - 2

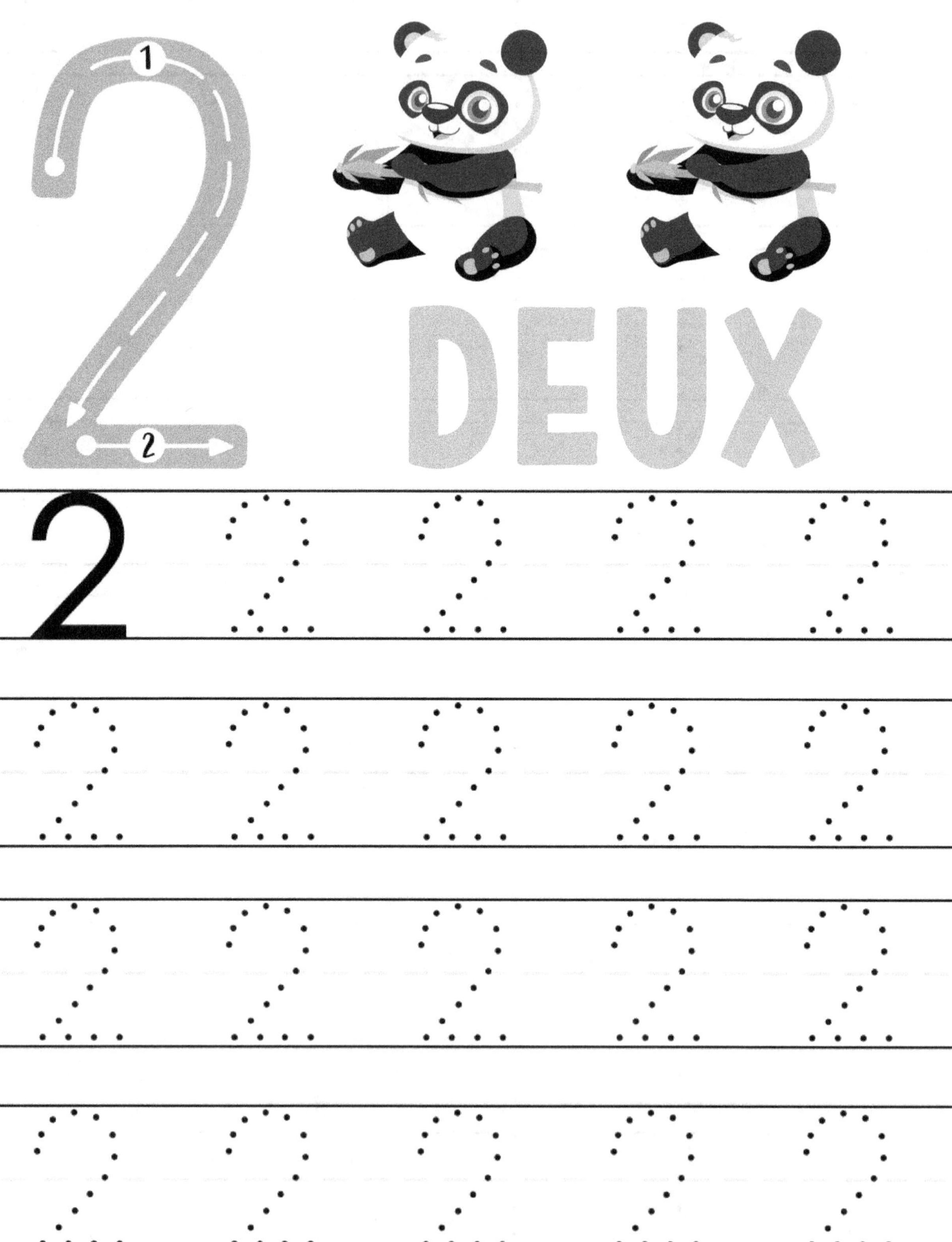

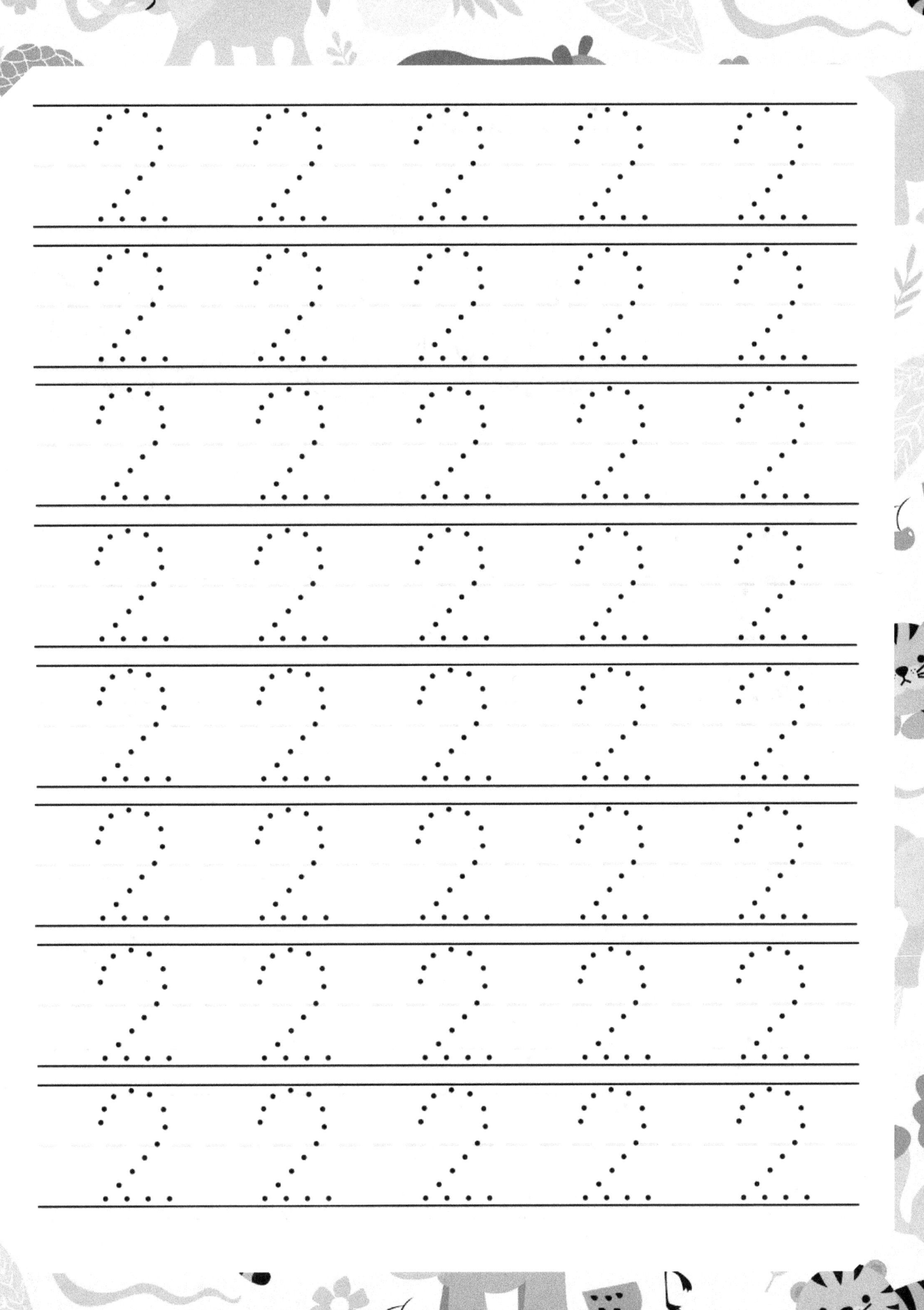

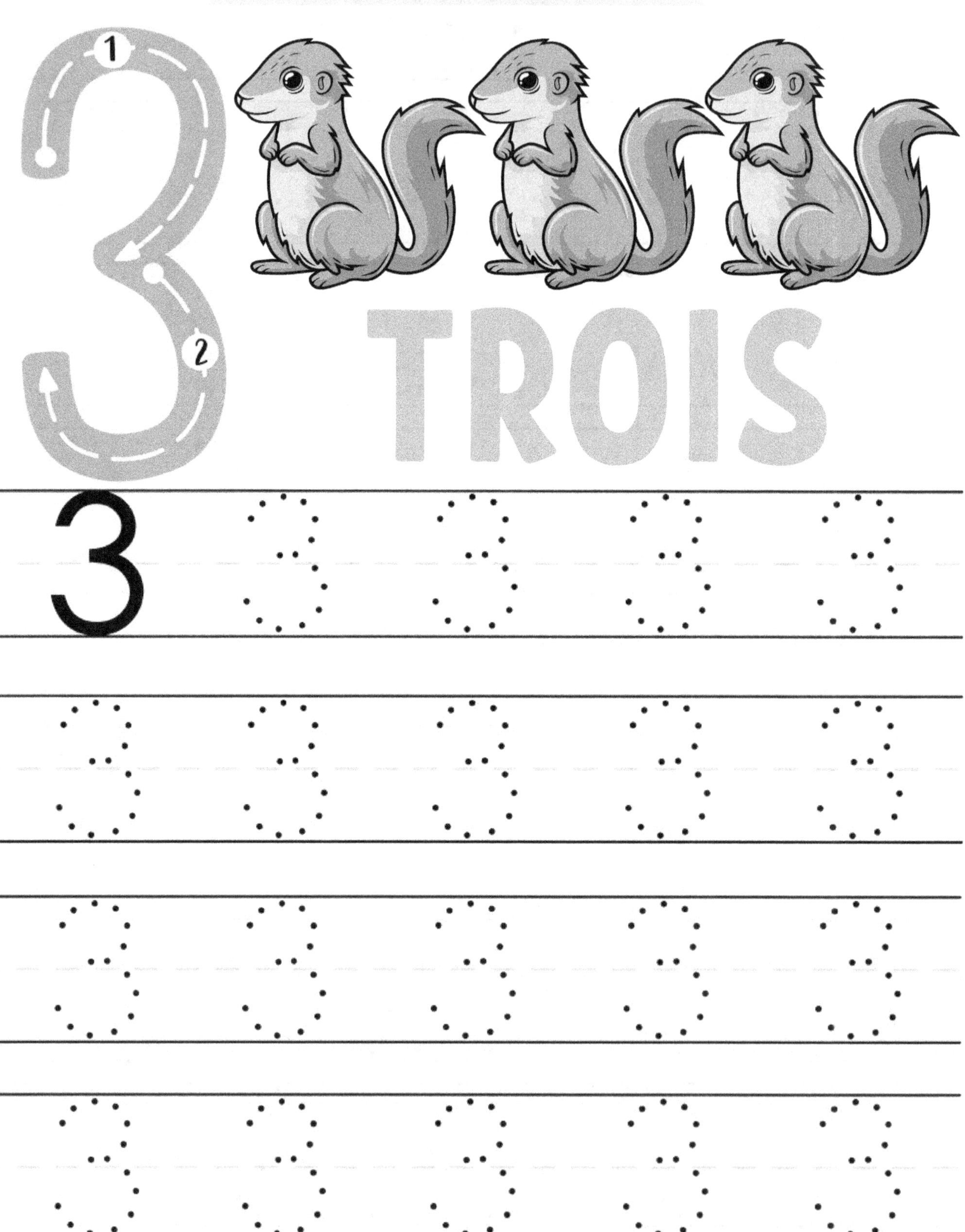

3
TROIS
3

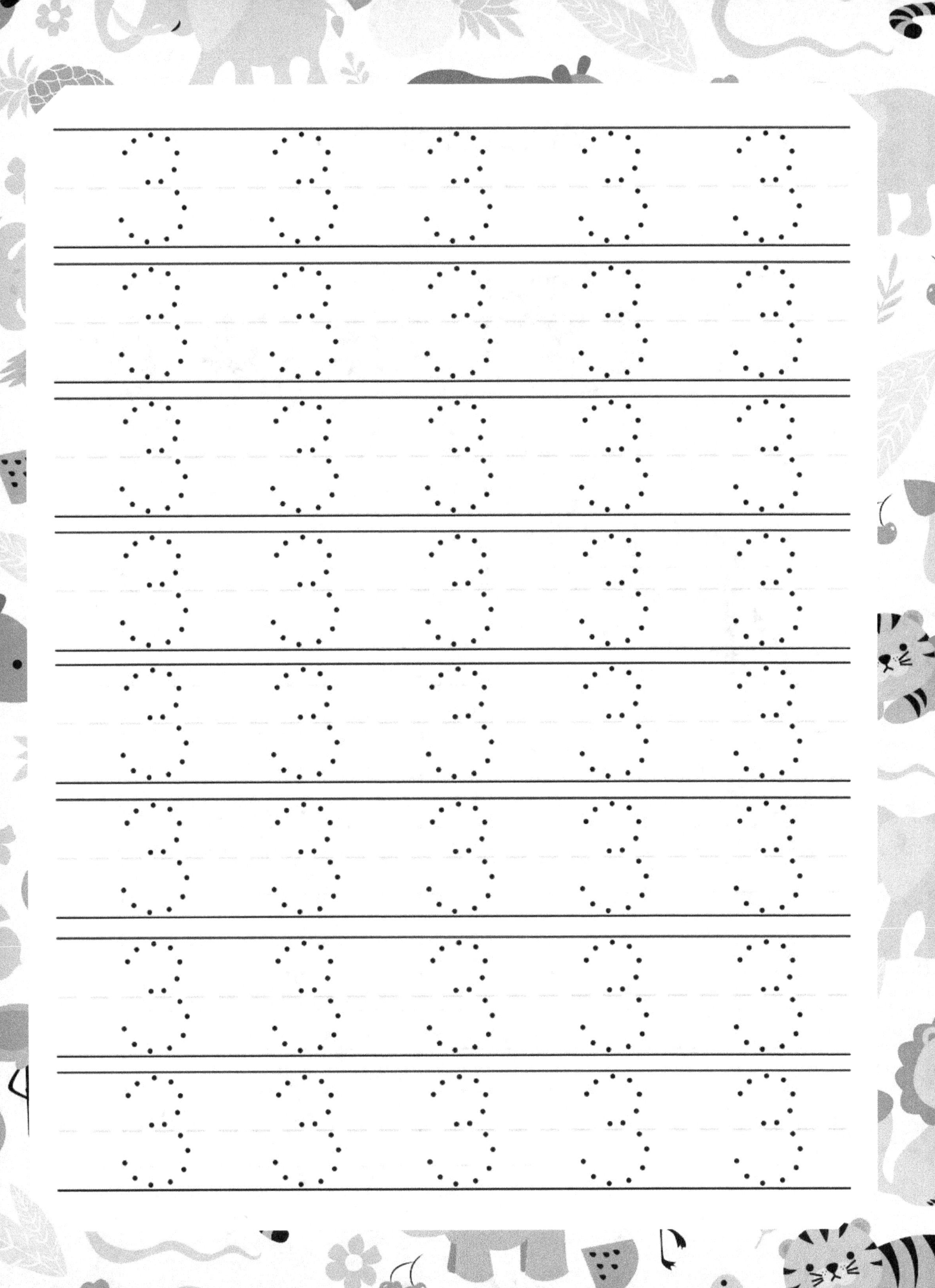

TRACE LE CHIFFRE - 4

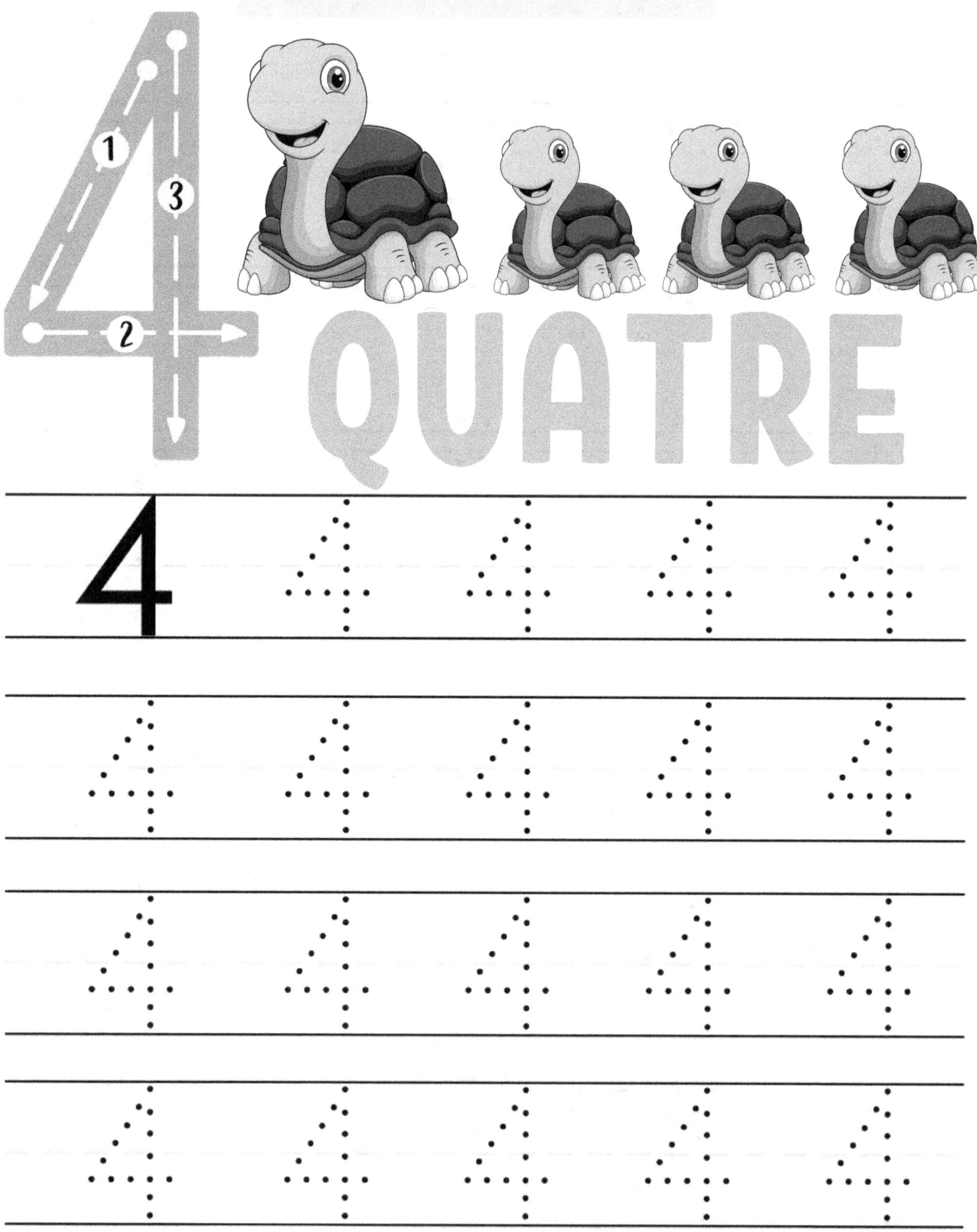

TRACE LE CHIFFRE - 5

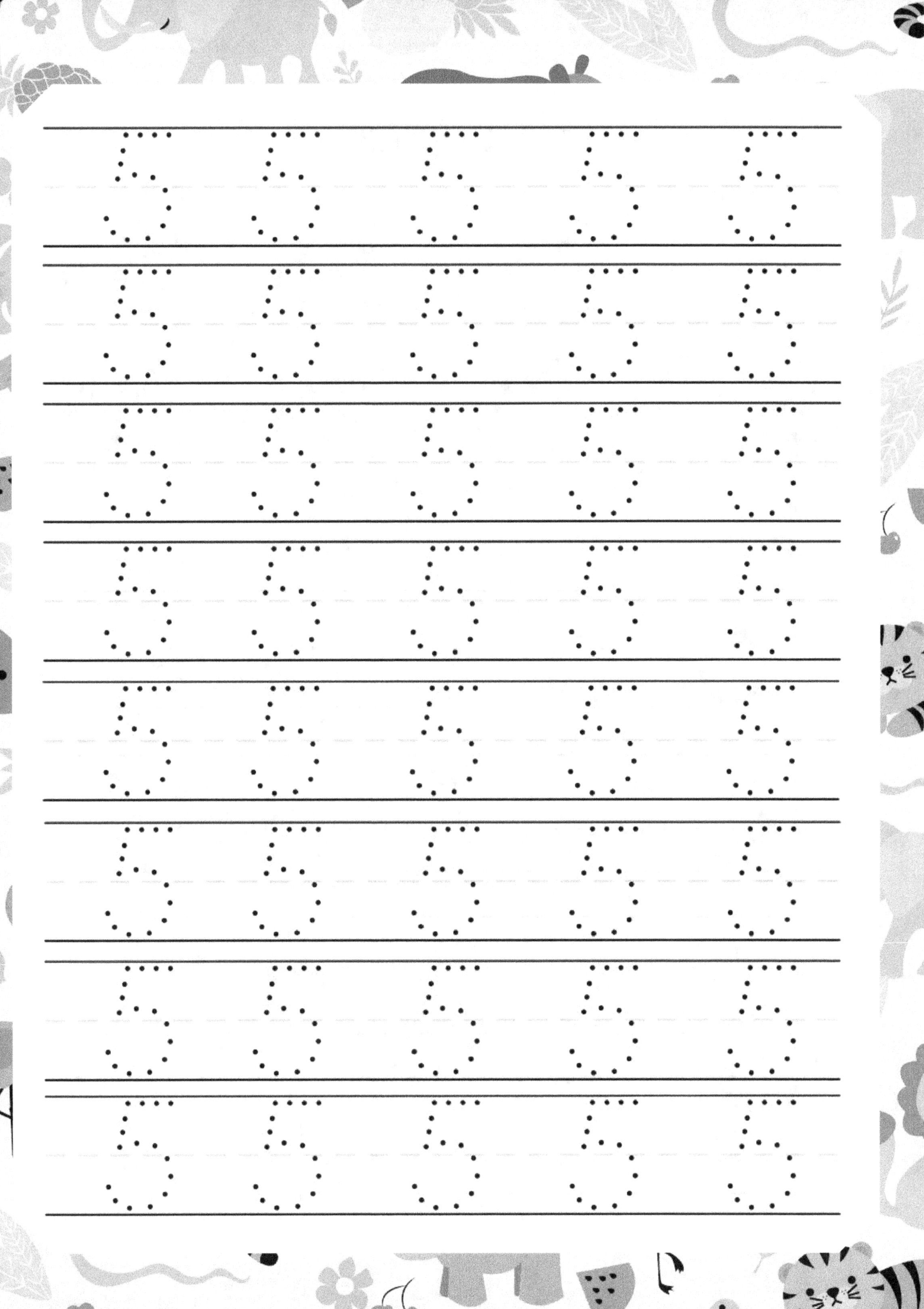

TRACE LE CHIFFRE - 6

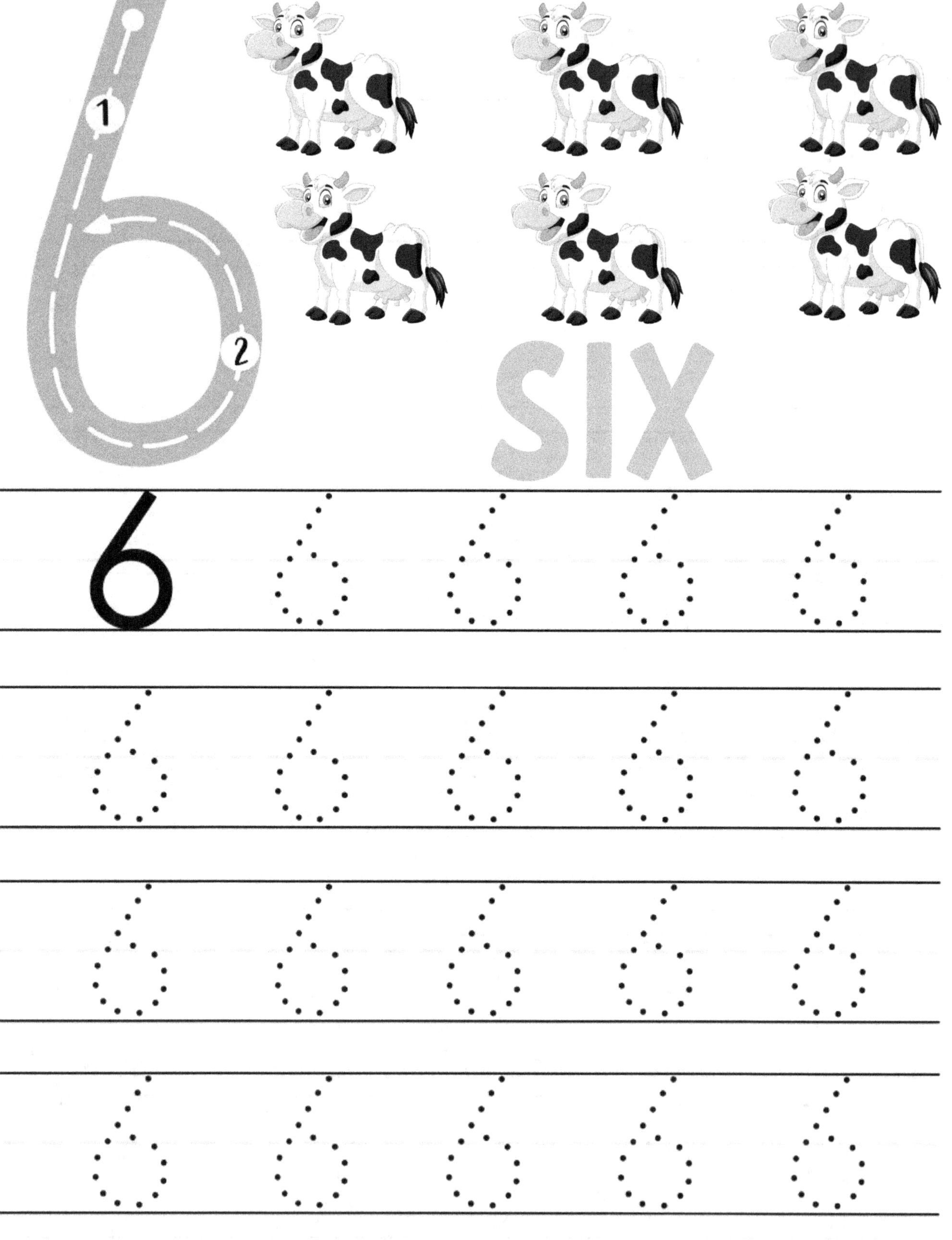

TRACE LE CHIFFRE - 7

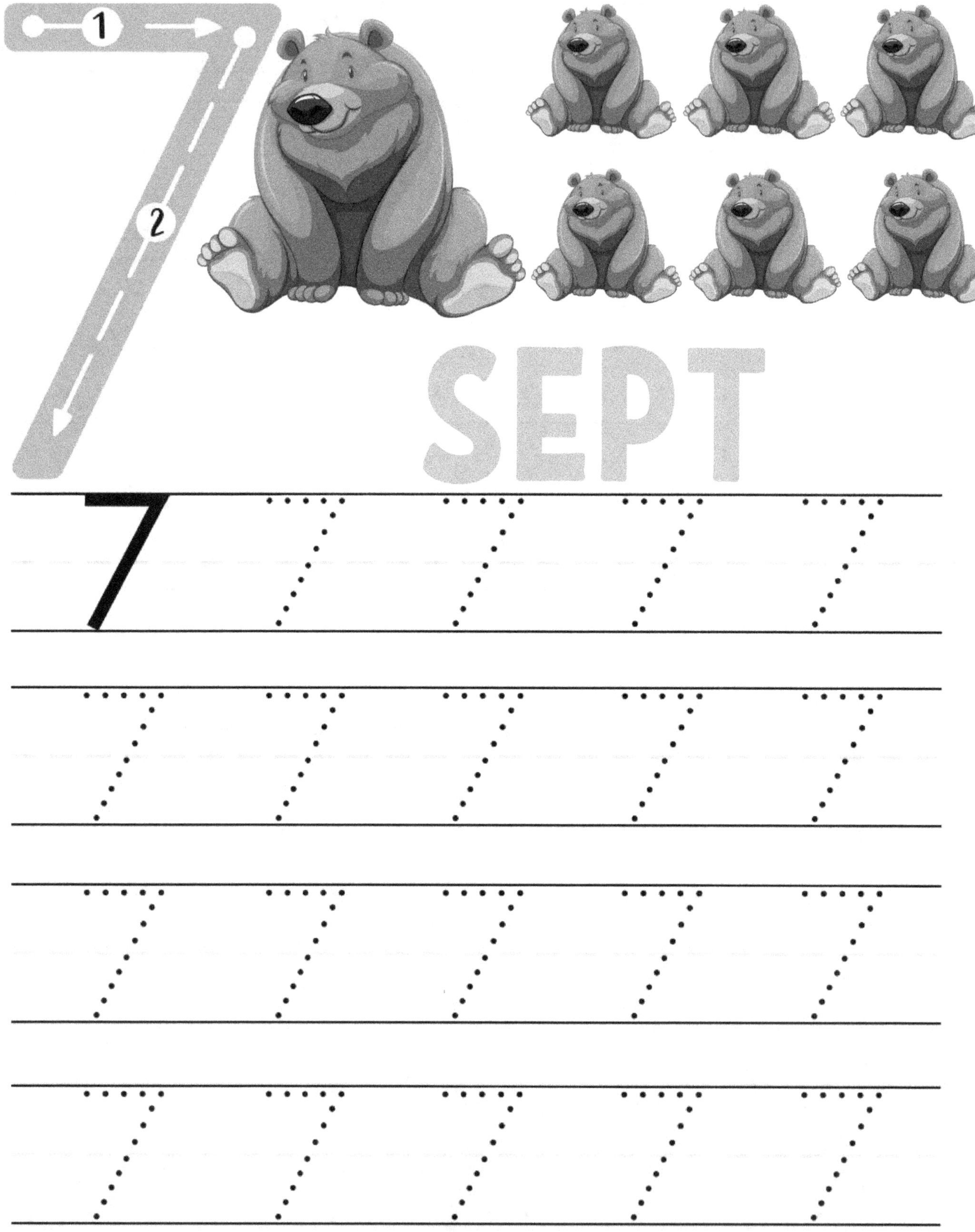

SEPT

TRACE LE CHIFFRE - 8
HUIT

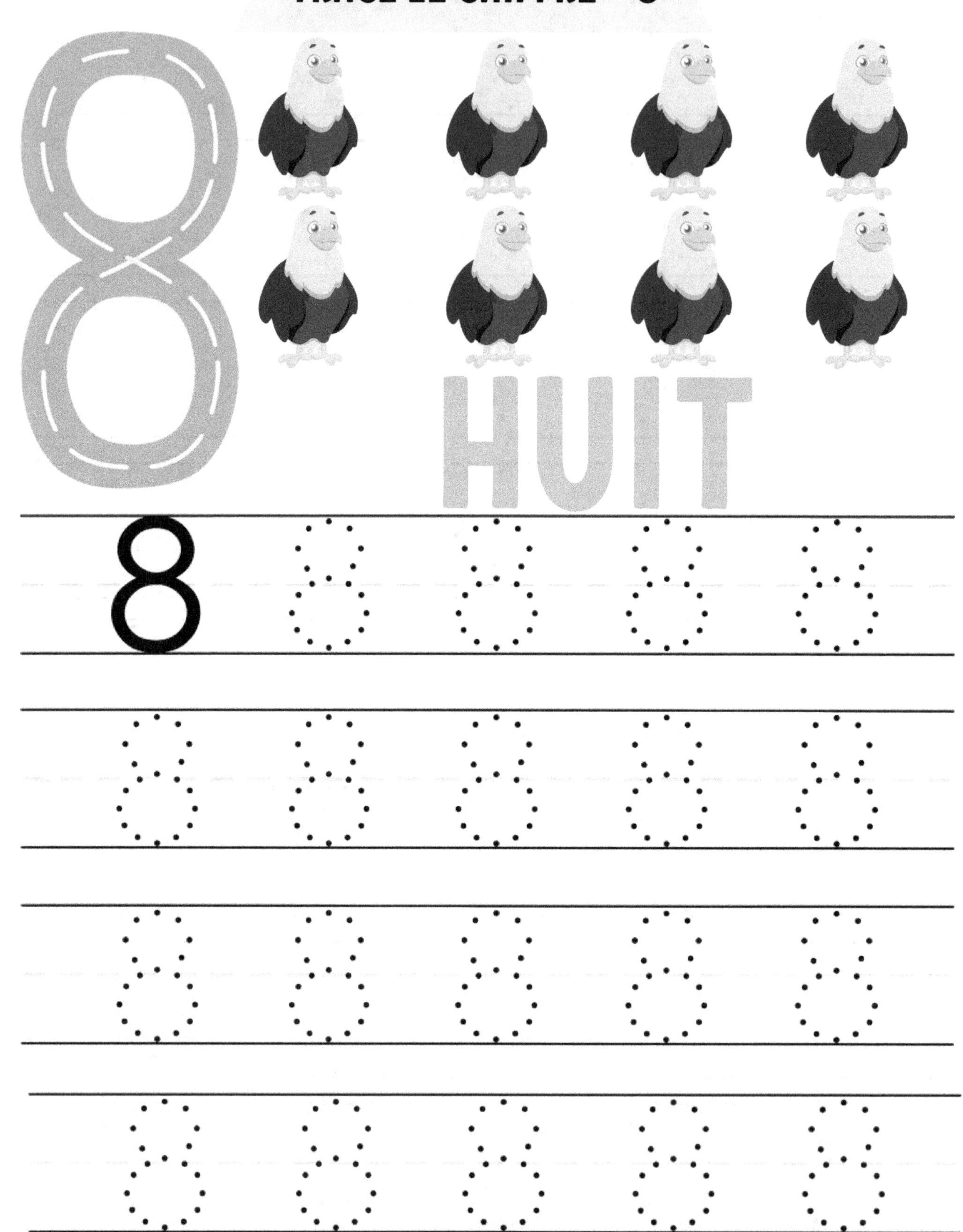

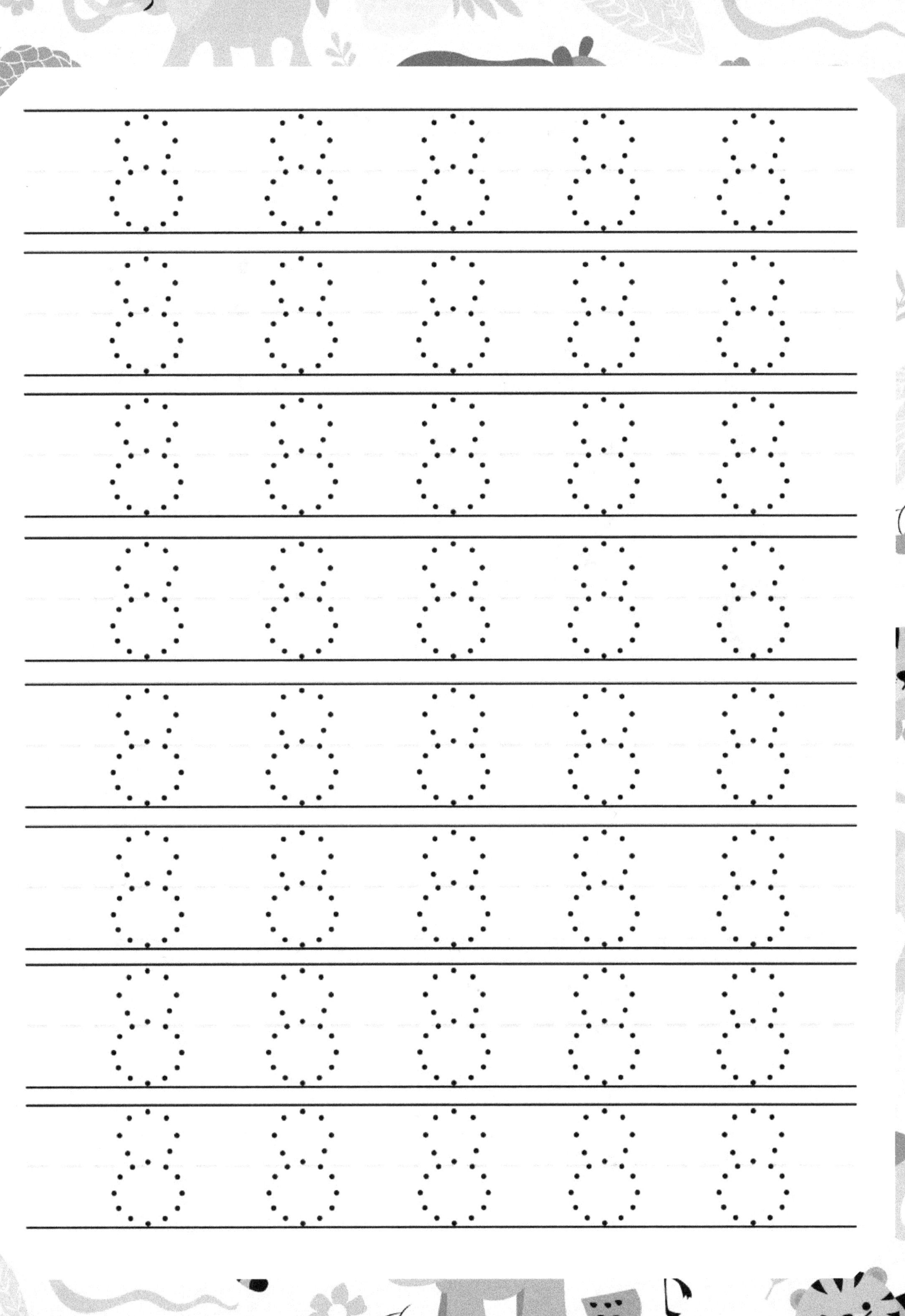

TRACE LE CHIFFRE - 9 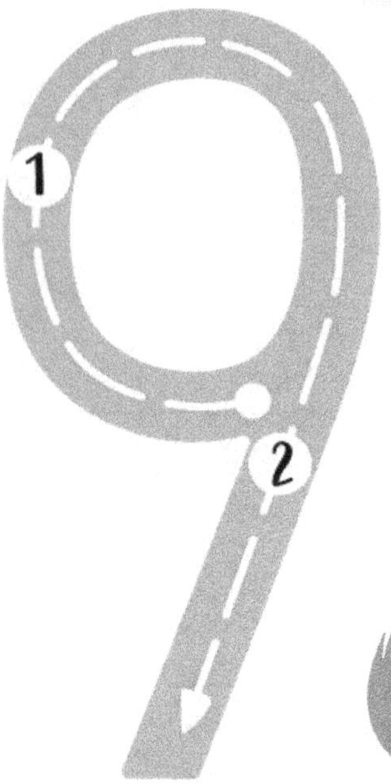  
NEUF
9

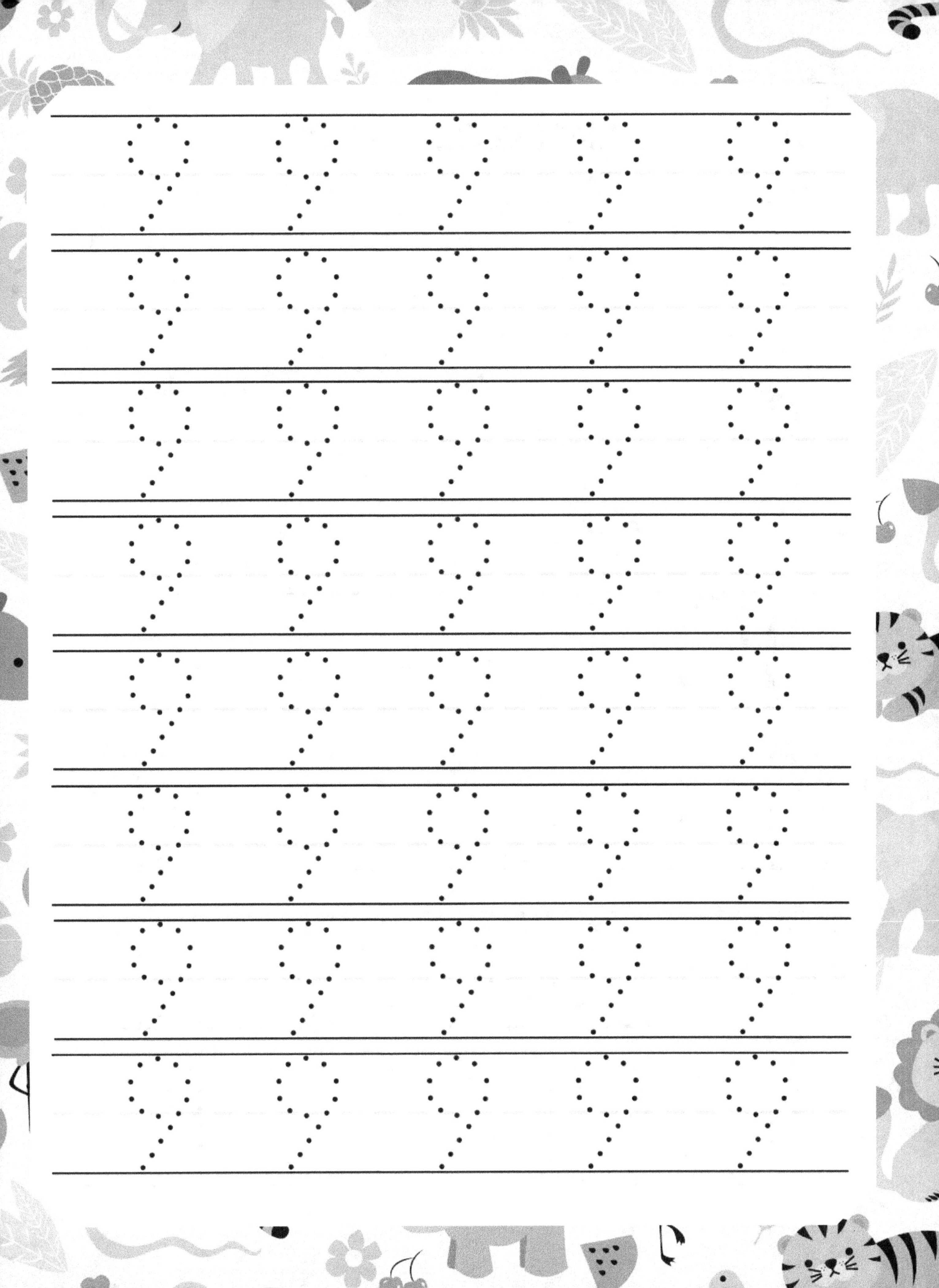

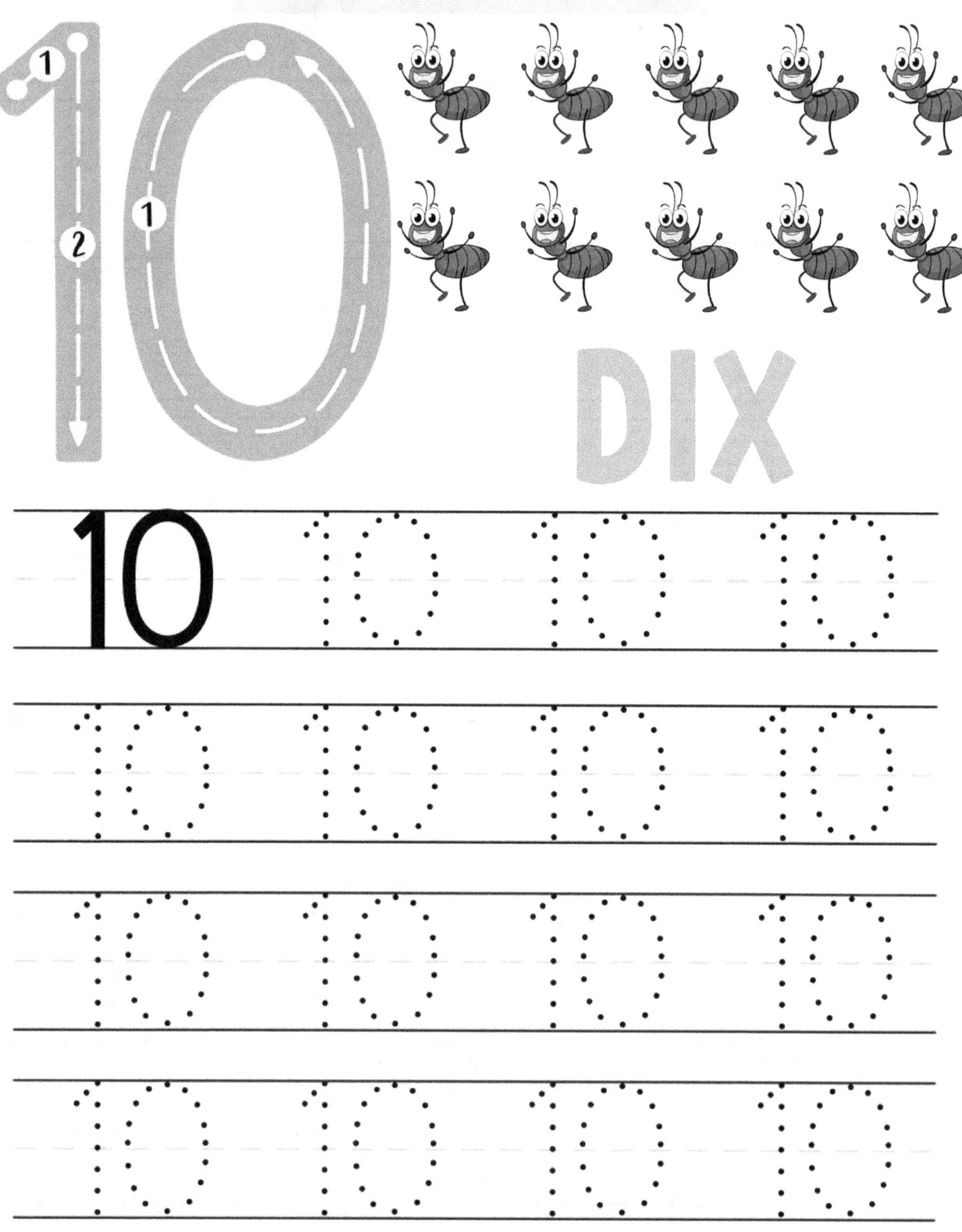
DIX
10

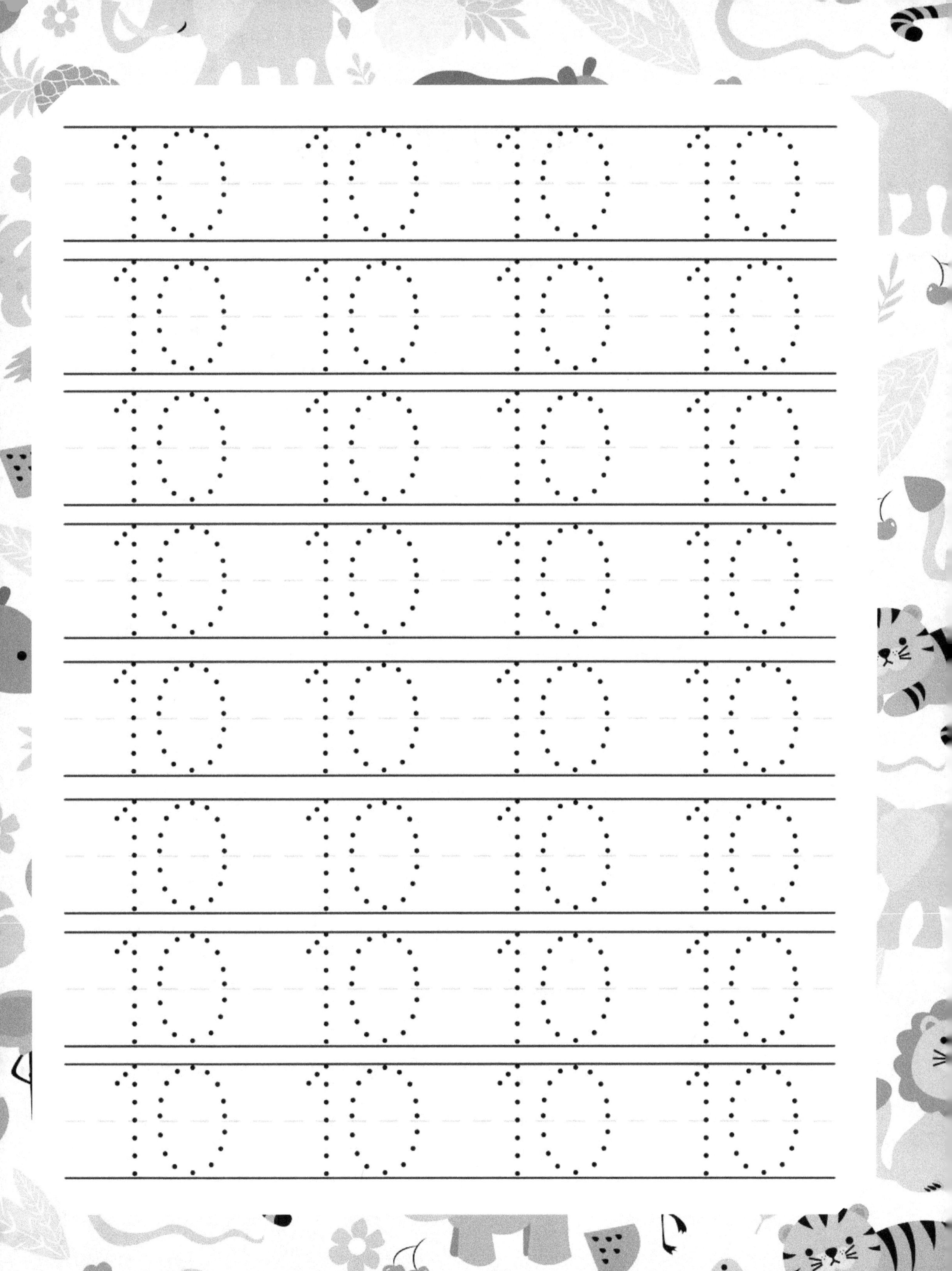

TRACE LES LIGNES

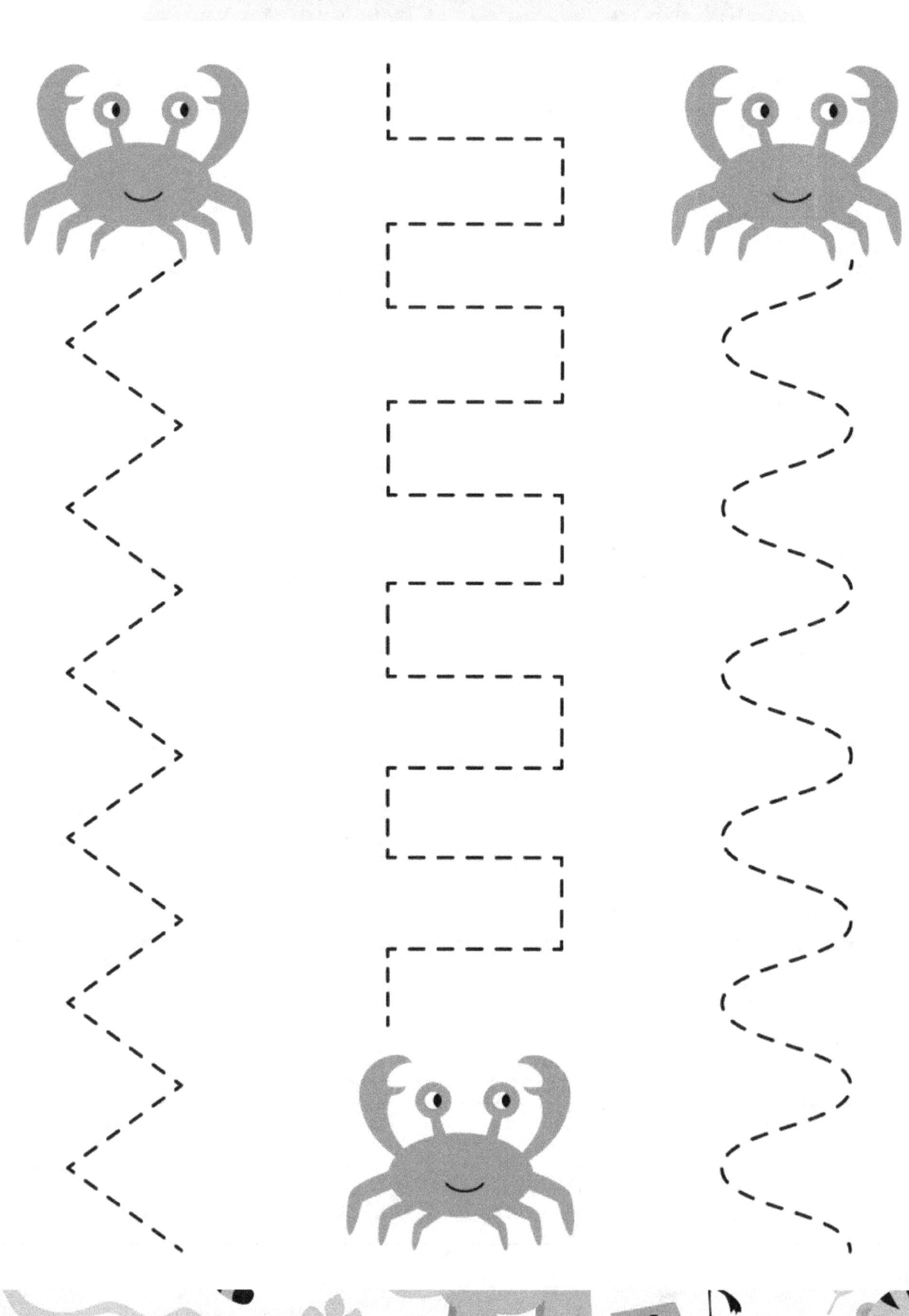

TRACE LES LIGNES

TRACE LES LIGNES

TRACE LES LIGNES

TRACE LES LIGNES

TROUVE L'OMBRE CORRECTE

TROUVE L'OMBRE CORRECTE

TROUVE L'OMBRE CORRECTE

TROUVE L'OMBRE CORRECTE

TROUVE L'OMBRE CORRECTE

TROUVE L'OMBRE CORRECTE

TROUVE L'OMBRE CORRECTE

RELIE LES POINTS

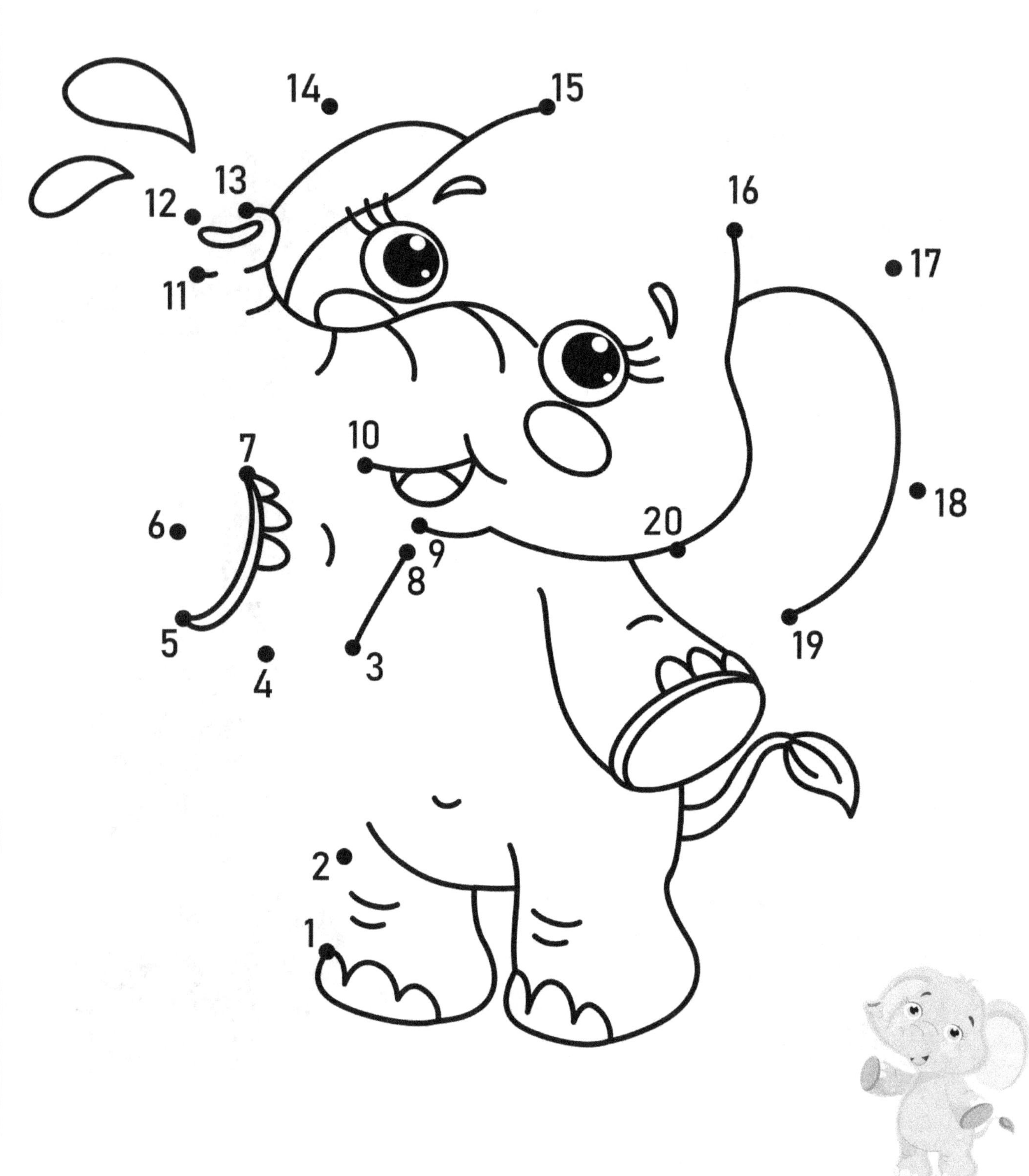

RELIE LES POINTS

RELIE LES POINTS

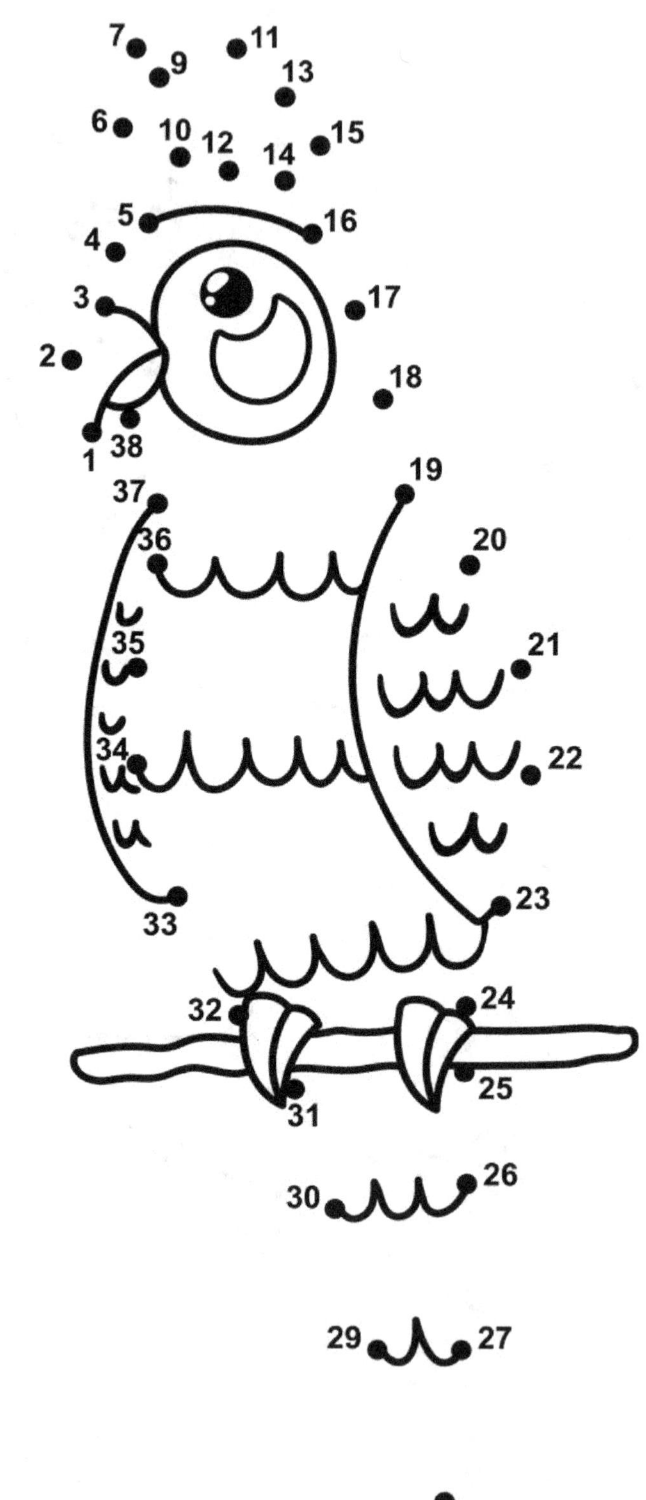

RELIE LES POINTS

RELIE LES POINTS

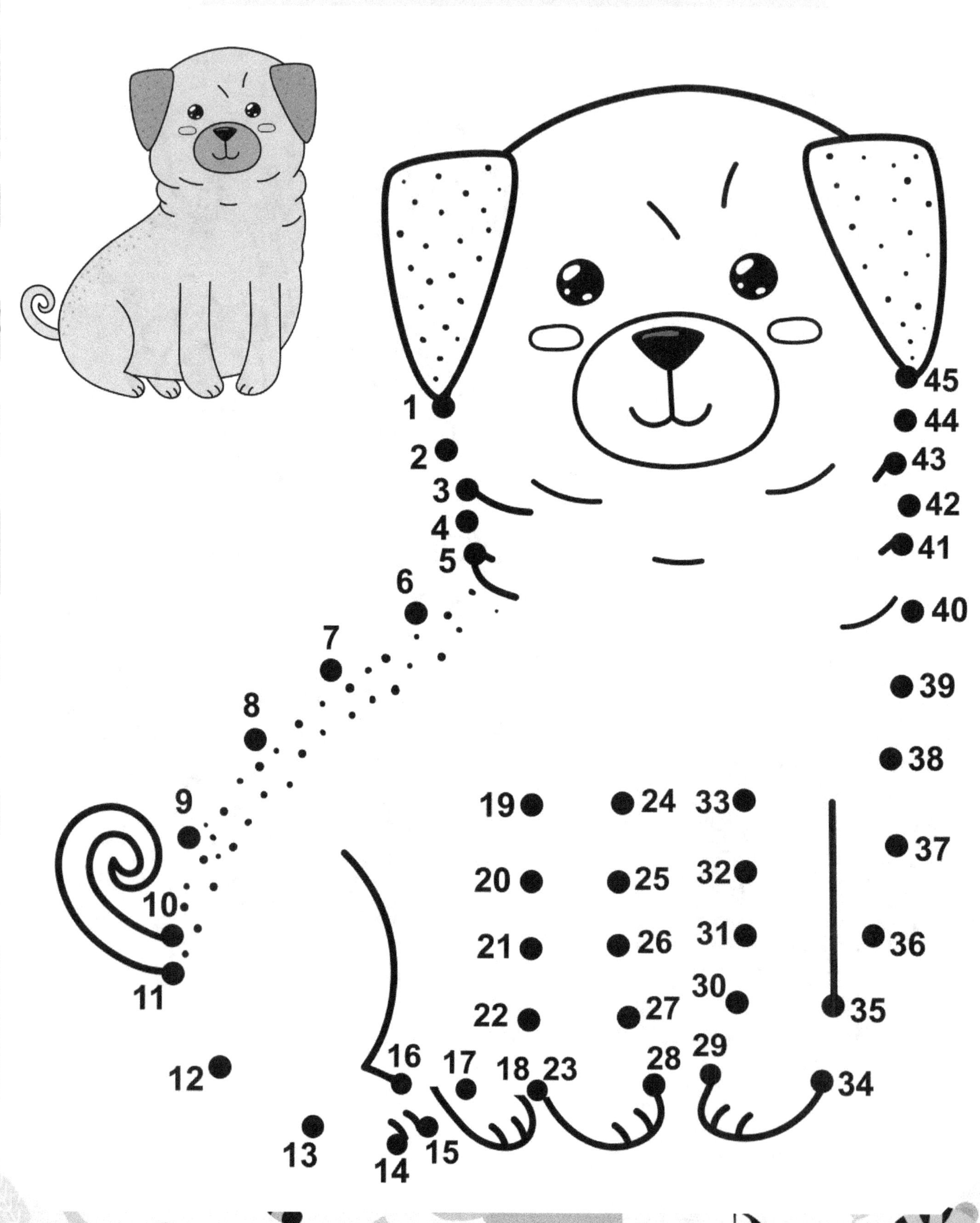

RELIE LES POINTS

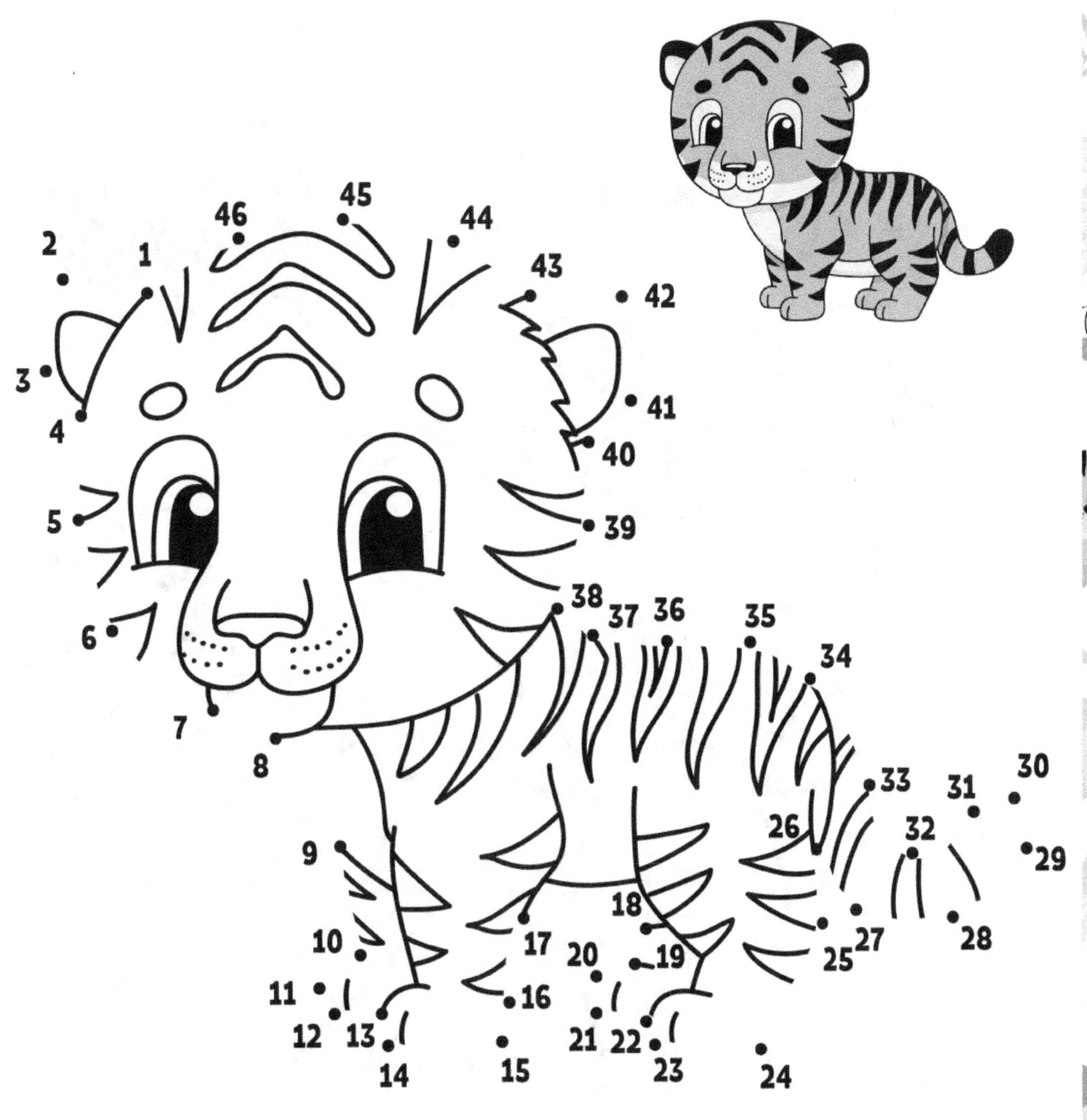

RELIE LES POINTS

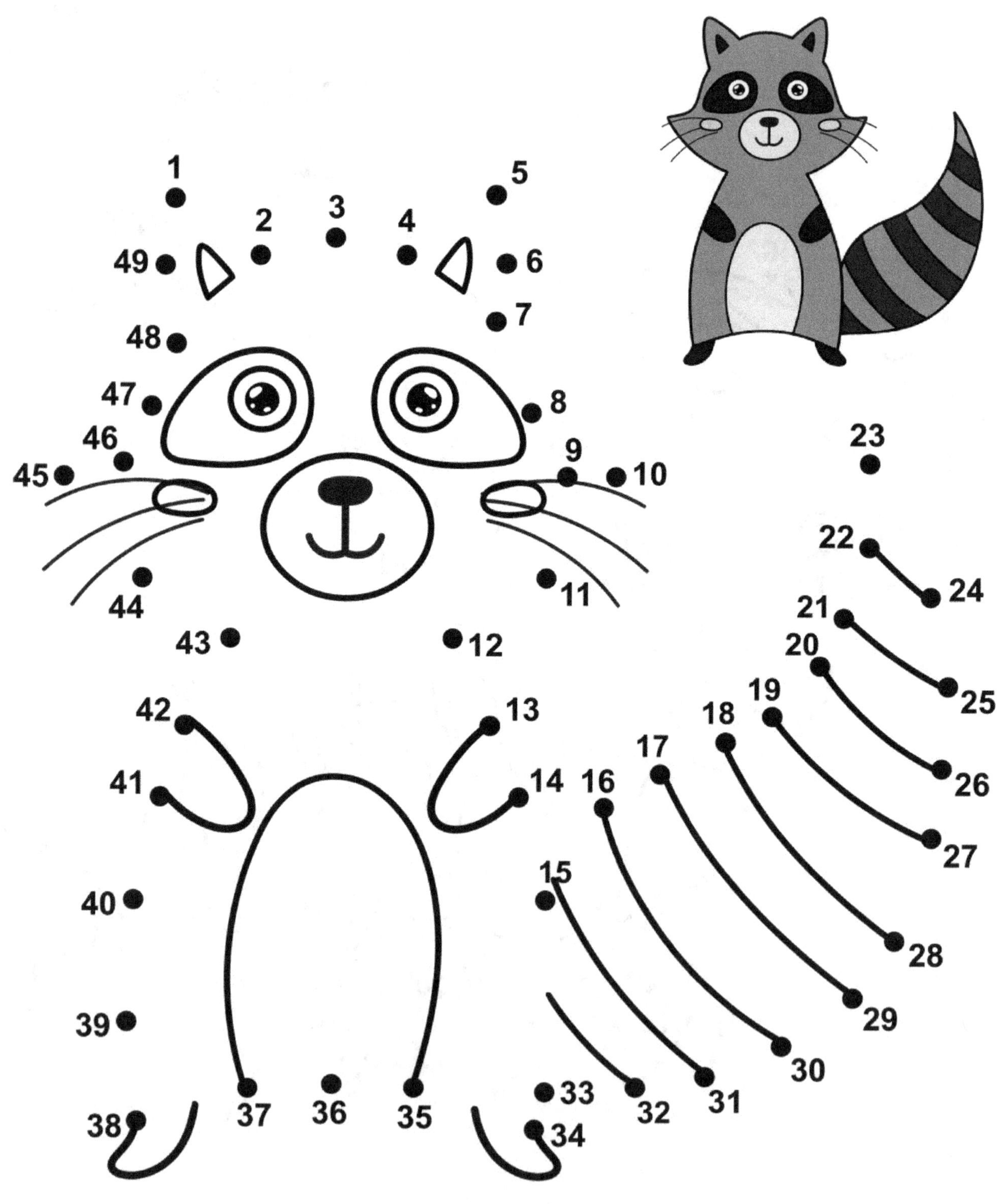

RELIE LES POINTS

JEUX DE LABYRINTHE

JEUX DE LABYRINTHE

JEUX DE LABYRINTHE

JEUX DE LABYRINTHE

JEUX DE LABYRINTHE

JEUX DE LABYRINTHE

JEUX DE LABYRINTHE